THOMAS EDWARD ELLIS
1859-1899

Trwy ganiatâd Llyfrgell Genedlaethol Cymru
By permission of the National Library of Wales

Braslun o T.E. Ellis gan Will Morgan (*The Nationalist*, Hydref 1909)
Sketch of T.E. Ellis by Will Morgan (*The Nationalist*, October 1909)

Wyn Jones

THOMAS EDWARD ELLIS
1859-1899

GWASG PRIFYSGOL CYMRU
UNIVERSITY OF WALES PRESS
1986

British Library Cataloguing in Publication Data

Jones, Wyn
Thomas Edward Ellis 1859-1899.
1. Ellis, Thomas Edward 2. Politicians
— Wales — Biography
I. Title
942.9081'092'4 DA722. 1.E43

ISBN 0-7083-0927-5

Cynlluniwyd y clawr gan Cloud Nine Design
Cover design by Cloud Nine Design

Cysodwyd gan Afal
Typesetting by Afal

ARGRAFFWYD GAN QUALITEX, CAERDYDD
PRINTED BY QUALITEX, CARDIFF

ER COF AM FY RHIENI
Y PARCHEDIG A MRS EDWIN JONES

RHAGAIR

Ysgrifennwyd y llyfryn hwn er mwyn i Gymry ifainc, a'u rhieni hefyd, gobeithio, ddod i adnabod gwleidydd a fu fyw yn ystod y cyfnod Fictoraidd. Er i Tom Ellis farw yn gynnar yn ddeugain oed wedi prin ddeng mlynedd o yrfa gyhoeddus, bu ei ddylanwad ar ei genhedlaeth ei hun yn ddirfawr. Ystyrid mai ef a amlygai orau y mudiad cenedlaethol a oedd yn cyniwair yng Nghymru yn ystod degadau olaf y bedwaredd ganrif ar bymtheg. Yng ngeiriau ei gyfoeswr Arthur Price, Ellis oedd 'y gwleidydd mwyaf a gafodd Cymru erioed'. Oddi ar yr adeg honno ac ar ôl dau ryfel byd, pylodd y cof amdano gan beri dibrisio'i waith i raddau. Cyflwynir yr astudiaeth hon er cloriannu arweiniad Tom Ellis yn yr adfywiad Cymreig ac er dwyn i gof gyfraniad Cymro gwiw.

Carwn gydnabod fy nyled i'm cyfaill Mr Neville Masterman, a ddaeth ag arwyddocâd Ellis i'm sylw yn gyntaf oll ac y cefais ganddo, wedi hynny, drafodaethau aml a chreadigol. Diolchaf i Wasg Prifysgol Cymru am ofyn i mi ysgrifennu'r llyfr hwn ac i Mr John Rhys, y Cyfarwyddwr, a'i gydweithwyr am eu cyngor a'u cymorth wrth ei gyhoeddi. Hoffwn, hefyd, ddiolch i'm cyfaill a'm cyd-fyfyriwr yn y coleg Mr Islwyn Griffiths am ei drosi i'r Gymraeg.

Y Crwys, Abertawe WYN JONES

PREFACE

This booklet has been written to acquaint young people in Wales, and I hope their parents too, with a politician who lived during the Victorian era. Even though Tom Ellis died at the early age of forty and his public career spanned barely more than a decade, his impact on his own generation was profound. He was regarded as the finest embodiment of the national movement that stirred Wales during the latter decades of the nineteenth century. In the words of his contemporary Arthur Price, Ellis was 'the greatest politician that Wales ever produced'. Since that time, and after two world wars, his memory has become overshadowed and his work somewhat underestimated. This study is offered as an appraisal of Tom Ellis's leading role in the Welsh resurgence and to recall the contribution of a noble Welshman.

I should like to record my indebtedness to my friend Mr Neville Masterman who first alerted me to Ellis's significance, and with whom I have since had many stimulating sessions of conversation. My thanks are due to the University of Wales Press for inviting me to write this book, and to Mr John Rhys, its Director, and his colleagues for their advice and help in bringing it to publication. I should like also to thank my college contemporary and friend Mr Islwyn Griffiths for translating the text into Welsh.

Three Crosses, Swansea WYN JONES

Thomas Edward Ellis
1859-1899

I
Cefndir Cynnar ac Addysg

Blynyddoedd o ryfel yn Ewrop oedd blynyddoedd olaf y ddeunawfed ganrif a degad cyntaf y bedwaredd ganrif ar bymtheg, ac er i'r rhyfela orffen erbyn 1815 parhau a wnaeth y cynnwrf cymdeithasol a gwleidyddol. Gellir olrhain achosion y rhyfel yn ôl i'r Chwyldro Ffrengig; lledaenodd y Chwyldro syniadau am ryddid a chydraddoldeb ledled y Cyfandir a pharhaodd eu dylanwad ym meddyliau a gweithredoedd dynion trwy gydol y ganrif. Apeliodd y fath sloganau yn uniongyrchol at y pobloedd niferus a gawsai eu boddi am ganrifoedd o dan yr ymerodraethau mawrion, ac yn awr dechreuasant hawlio rhyddid gwleidyddol iddynt hwy eu hunain. Ychydig o gydymdeimlad at y fath ddyheadau fu gan wleidyddion y pŵerau mawrion a luniodd y cytundebau heddwch ar ddiwedd y rhyfel, a'r canlyniad fu i genedlaetholdeb ddechrau chwarae rhan gynyddol bwysig ym mywyd Ewrop.

Yn gyfochrog â'r cenedlaetholdeb gwleidyddol hwn magwyd ymysg y pobloedd darostyngedig hyn falchder newydd yn eu hanes a'u diwylliant hwy eu hunain. Arweiniwyd hwy gan y cenedlaetholdeb diwylliannol hwn i ymchwilio i'w gwreiddiau ac i'w harferion gwerin, a rhoes ddiddordeb newydd iddynt yn eu hieithoedd brodorol a ddiorseddwyd gan ieithoedd y pŵerau imperialaidd a'u llyncodd. Bu'r ysbryd newydd hwn yn cyniwair ymysg y Cymry hefyd fel ymysg yr Eidalwyr, y Serbiaid a'r Gwyddelod. Yr oedd Cymru hithau'n wlad a

Thomas Edward Ellis
1859-1899

I
Early Background and Education

The latter years of the eighteenth century and the first decade of the nineteenth were years of war in Europe and, although hostilities were ended by 1815, social and political unrest continued. The French Revolution, out of which the war had arisen, had spread ideas of liberty and equality throughout the Continent, and their influence persisted on men's thoughts and actions throughout the century. Such slogans made a direct appeal to the many races which had been submerged for centuries under large empires, and they now began to demand political freedom. The politicians of the leading powers who drew up the peace treaties at the end of the war had little regard for such aspirations, with the result that nationalism began to play an increasingly important part in the life of Europe.

Alongside this political nationalism there arose within these subject nationalities a new pride in their history and culture. This cultural nationalism led them into research concerning their origins and folk customs, and gave them a new interest in their native languages which had been deposed by the language of the imperial power into which they had been absorbed. Along with people like the Italians, the Serbs and the Irish, the Welsh felt the stirrings of this new spirit. Wales, too, was a country which had been swallowed up in a large Empire and,

gawsai ei boddi mewn ymerodraeth fawr, ac er na ddioddefodd ormes corfforol megis rhai o'r cenhedloedd Ewropeaidd eraill, yr oedd ei hiaith yn dihoeni a'i statws fel cenedl yn ansicr ac yn cael ei ddiystyru.

Ym mlynyddoedd cynnar y bedwaredd ganrif ar bymtheg bu cylch o offeiriaid Anglicanaidd, yn cynnwys cymeriadau diddorol megis Walter Davies (Gwallter Mechain) a John Jenkins (Ifor Ceri), yn dangos diddordeb yng Nghymru a'i gorffennol. Arweinydd y cylch hwn oedd Thomas Price (Carnhuanawc), ficer o sir Frycheiniog. Cefnogai'n frwd adfywio'r Gymraeg ac ysgrifennodd lyfr ar hanes Cymru yn Gymraeg. Hefyd sefydlodd gymdeithas Gymraeg lewyrchus yn y Fenni. Allan o'r gymdeithas hon y tyfodd Eisteddfod y Fenni a enillodd fri ymhell tu hwnt i'r dref hon ac a fu'n ddylanwad pwysig yn yr ymdrech i feithrin diwylliant Cymreig.

Yr oedd dau, y bu iddynt ran bwysig yng ngweithgareddau'r cylch hwn nad oeddent yn offeiriaid, sef yr Arglwyddes Llanofer, a fu'n noddwraig i'r diwylliant Cymreig am flynyddoedd lawer, ac Arthur Johnes, barnwr o sir Drefaldwyn. Cefndir di-Gymraeg oedd gan Arthur Johnes ond dysgodd yr iaith pan oedd yn fyfyriwr yn y gyfraith yn Llundain. Rhannai â'i gyfeillion clerigol ddiddordeb yn hanes a llên Cymru, ond yn wahanol i'r rhan fwyaf ohonynt bu ganddo hefyd ddiddordeb mewn gwleidyddiaeth. Dilynai â chydymdeimlad ymdrechion yr Hwngariaid i ennill eu rhyddid oddi wrth eu llywodraethwyr, yr Awstriaid, a mewn cydweithrediad â William Rees (Gwilym Hiraethog), golygydd papur newydd, cyfeiriodd sylw'r Cymry at eu cyflwr. Bu'r ddau hyn, ynghyd â Thomas Gee, golygydd arall, yn ddylanwadau pwysig yn ehangu ymwybod gwleidyddol y Cymry. Yn y modd hwn, trwy greu ymwybod gwleidyddol aeddfetach yng Nghymru, y gosodwyd y meini sylfaen i waith Thomas Ellis a'i gydweithwyr yn ddiweddarach.

Un o ganlyniadau'r tyfiant yn yr ymwybod cenedlaethol oedd sylweddoli pa mor brin oedd y cyfleusterau addysgol yng Nghymru. Bychan oedd nifer yr ysgolion a'r colegau, ac nid oedd ganddi brifysgol genedlaethol fel yr Alban ac Iwerddon. Bu'r amddifadiad hwn yn gofidio'r clerigwyr a goleddai, ymysg eu breuddwydion, brifysgol ac academi genedlaethol yng Nghymru. Ymhen amser gwireddwyd un o'u breuddwydion trwy weithgarwch Hugh Owen pan sefydlwyd coleg prifysgol cyntaf Cymru yn Aberystwyth ym 1872.

although she was not oppressed physically as were some of the other European nations, her language was falling into disuse and her status as a nation was disregarded and uncertain.

An interest in Wales and her past was manifested early in the nineteenth century by a group of Anglican clerics. The leading personality in this group, which included such interesting men as Walter Davies (Gwallter Mechain) and John Jenkins (Ifor Ceri), was a vicar from Breconshire named Thomas Price (Carnhuanawc). Price, who was a keen advocate of the revival of the Welsh language, wrote a history of Wales in that language. He also established a thriving Welsh society in Abergavenny. It was out of this society that the Fenni eisteddfod came into existence, which had a fame far beyond its own immediate area and was an important influence in fostering Welsh culture.

Two people who were closely involved in the activities of this coterie of Anglican priests were not clerics. One was Lady Llanover, who for many years was a patron of Welsh culture. The other was a judge from Montgomeryshire named Arthur Johnes. Johnes, who came from an English-speaking background, learnt Welsh while a law student in London. Johnes also shared the interest of his clerical friends in Welsh history and literature. Unlike most of them, however, he was also deeply interested in politics. He followed with concern the struggles of the Hungarians to free themselves from their Austrian overlords, and in co-operation with William Rees (Gwilym Hiraethog), a newspaper editor, he drew the attention of the people of Wales to their plight. These two men, together with another editor, Thomas Gee, were important influences in widening Welsh political awareness. In this way they laid the foundations for the work of Thomas Ellis and his collaborators in creating a more mature political consciousness in Wales.

One result of the growing national awareness was the realization of the lack of educational facilities in Wales. Her schools and colleges were few and, unlike Ireland and Scotland, she had no national university. This deprivation had been felt by the Anglican clerics, whose aspirations included the establishment of a university and a national academy in Wales. One of their dreams came to fulfilment eventually through the work of Hugh Owen when Wales's first university college was set up in Aberystwyth in 1872.

Un o fyfyrwyr cynnar y coleg hwnnw oedd Thomas Edward Ellis. Ganed ef ar 16 Chwefror 1859 mewn fferm o'r enw Cynlas, ym Meirionnydd, ychydig filltiroedd y tu allan i'r Bala ar y ffordd i Gorwen, mewn ardal lle y bu ei gyndeidiau'n byw ac yn ffermio am lawer o genedlaethau. Magwyd ef ar aelwyd hapus a chrefyddol, yr unig fachgen a'r hynaf o chwech o blant. Yn debyg i'r rhan fwyaf o ffermydd yr ardal, fferm denant oedd hi a'r meistr tir lleol yn berchen arni. Yr oedd hi'n fferm o gryn faint, bron trigain acer, a bu gan y ffermwr, Thomas Ellis, y tad, yr enw o fod yn weithiwr caled ac effeithlon. Ei ddiddordeb pennaf y tu allan i'w fferm oedd y Fethodistiaeth y ganed ef i mewn iddi, ac ymroes yn llwyr i'w gweithgareddau. Gweithiai Elizabeth Ellis, ei wraig, yr un mor galed, ac yn ôl y rhai a'i hadnabu, yr oedd hi'n ddynes ymarferol, o natur benderfynol ac â meddwl miniog iawn.

Aeth Tom Ellis i'r ysgol elfennol leol yn Llandderfel, ac yna, yn un ar ddeg oed, symudodd i'r ysgol ramadeg yn y Bala, lle y cafodd gwmni dau fachgen, David Daniel ac Owen Edwards, a oedd yn gymdogion iddo, a bu'r tri yn gyfeillion agos ar hyd eu hoes. Sonia'r rhai a adnabu Tom Ellis yn ystod y cyfnod hwn yn yr ysgol am ei sêl dros ddysgu a'i ddyfalbarhad a'i boblogrwydd mawr, ac fel y rhan fwyaf o fechgyn, ei hoffter o hwyl a sbri. Sylwodd ei gyfoedion fod iddo ochr annibynnol i'w bersonoliaeth er ei fod yn awyddus i helpu eraill bob amser, ac nid yw'n syndod iddo gael ei wneud yn brif swyddog y bechgyn yn y Bala.

Yr oedd y Gymru y tyfodd Tom Ellis yn ddyn ynddi yn wlad yng ngafael trawsnewidiadau mawr. Buasai'n wlad lle yr oedd mân bendefigion Seisnigaidd o Doriaid, a chanddynt gysylltiad agos â'r eglwys Anglicanaidd, wedi bod yn llywodraethu cymdeithas. Gwelid hyn yn eu monopoli ar y seddau seneddol, eu rheolaeth dros lywodraeth leol a'r gafael a fu ganddynt ar eu tenantiaid Cymreig oherwydd hwy oedd piau'r tir. Ond yr oedd diwydiant wedi datblygu mewn rhai lleoedd a thyfiant Anghydffurfiaeth i'w weld yn y rhan fwyaf o'r wlad, ill dau'n creu amgylchiadau a fyddai'n rhwym o arwain at herio'r sefyllfa freintiedig hon ac at alw am newidiadau gwleidyddol a chymdeithasol. Nid yw'n syndod fod y fath gefnogaeth yng Nghymru i Ryddfrydiaeth a fynnai ddiwygio addysg a'r system tir, ac a fynnai

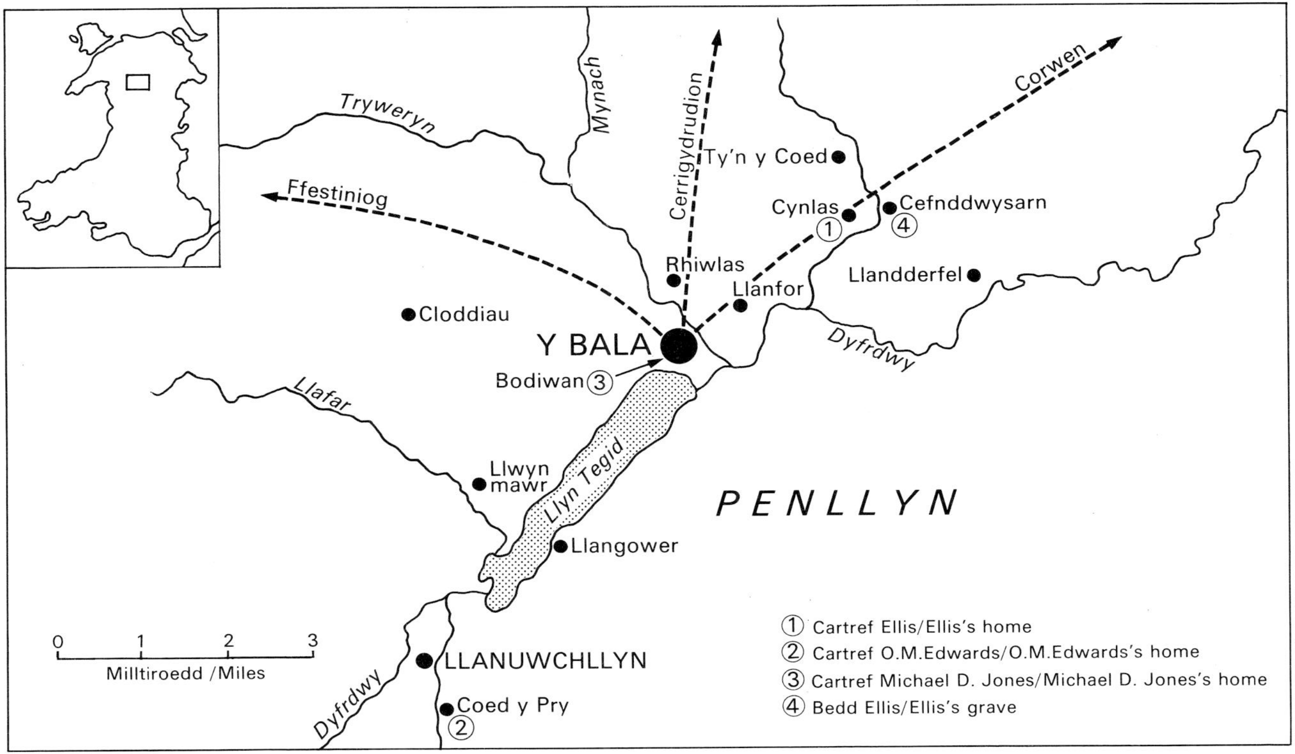
Trywervn
Mynach
Cerrigydrudion
Corwen
Ty'n y Coed
Cynlas ①
Cefnddwysarn ④
Ffestiniog
Rhiwlas
Llanfor
Llandderfel
Cloddiau
Y BALA
Bodiwan ③
Dyfrdwy
Llafar
Llwyn mawr
Llyn Tegid
PENLLYN
Llangower
0 1 2 3
Milltiroedd /Miles
LLANUWCHLLYN
Dyfrdwy
Coed y Pry ②
① Cartref Ellis/Ellis's home
② Cartref O.M.Edwards/O.M.Edwards's home
③ Cartref Michael D. Jones/Michael D. Jones's home
④ Bedd Ellis/Ellis's grave

Trwy ganiatâd Llyfrgell Genedlaethol Cymru
By permission of the National Library of Wales

T.E. Ellis, D.R. Daniel, O.R. Jones

One of the early students at that college was Thomas Edward Ellis. He was born on 16 February 1859 at a farm called Cynlas in Meirionnydd. The farm lies a few miles outside Bala on the road to Corwen, in an area where Ellis's forebears had lived and farmed for many generations. It was a happy and God-fearing household of six children, in which Thomas was the eldest child and only son. It was a tenant farm, like most others in the area, over which the local landlord held power. It was a fairly large farm of nearly 60 acres, and its occupant Thomas Ellis senior had the reputation of being a hard-working and efficient farmer. His main interest outside the farm was the Methodism into which he had been born and in the activities of which he involved himself whole-heartedly. Elizabeth Ellis, his wife, was equally hard-working and, according to those who knew her, she was practical and possessed of a resolute, determined nature and a very keen mind.

Ellis attended the local primary school at Llandderfel and then, at the age of eleven, went on to the grammar school at Bala. He was joined here by two boys who lived near his home, David Daniel and Owen Edwards, and the three remained close friends throughout their lives. Those who knew Ellis during this period of schooling testify to his keenness to learn and his perseverance, although not omitting to mention that he was very popular and, like most boys, enjoyed fun. His contemporaries noticed that, although ready to help others at any time, he had an air of independence, and it is not surprising that he was made head boy at Bala.

The Wales in which Tom Ellis grew to manhood was a land undergoing many changes. She had been a country where an Anglicized Tory squirearchy, closely linked to the Anglican Church, had maintained a position of powerful ascendancy. This situation was revealed by their monopoly of parliamentary representation, their control of local government, and the hold on the Welsh tenantry which their ownership of the land gave them. The development of industry, however, in some parts, and the growth of Nonconformity in most of the country, were both creating conditions which would inevitably lead to a challenge of this privileged position and a demand for political and social change. It is not surprising, therefore, that the Liberalism which demanded reforms in education, the land system, and disestablishment

ddatgysylltu eglwys a welid gan yr Anghydffurfwyr yn eglwys estron nad oedd ganddi gydymdeimlad â hwy.

Yr oedd Anghydffurfiaeth a Rhyddfrydiaeth wedi eu sefydlu'n arbennig o gadarn ym Meirionnydd, ac yn enwedig yn ardal y Bala. Bu ond y dim i'r sir ddychwelyd Rhyddfrydwr i'r Senedd mor gynnar â 1859, ac yr oedd y Methodistiaid a'r Annibynwyr, ill dau, wedi sefydlu colegau diwinyddol yn y Bala. Michael D. Jones, prifathro coleg yr Annibynwyr, oedd un o arweinwyr mwyaf blaengar Anghydffurfiaeth yng Nghymru, ac ef oedd y dyn y tu ôl i sefydlu'r wladfa Gymreig ym Mhatagonia. Yr oedd yn gymeriad cryf a gwreiddiol, ac yn gynnar iawn yn ystod y ganrif llwyddodd i roi gogwydd Gymreig i Ryddfrydiaeth. Bu iddo wrthwynebu gorthrwm y tirfeddianwyr a'r breintiau a fwynhâi'r Eglwys sefydledig, ac nid hynny'n unig: credai hefyd y dylai'r Cymry fod yn fwy ymwybodol o'u cenedligrwydd ac ymfalchïo fwy yn eu hiaith a'u diwylliant. Dylanwadodd ar lawer o Gymry ifainc cenhedlaeth Tom Ellis, ac yn enwedig David Daniel ac Owen Edwards a fyddai'n ymweld â'i gartref yn aml. Cofrestrodd David Daniel yn fyfyriwr yng ngholeg Michael D. Jones a dan ei ddylanwad datblygodd yn genedlaetholwr brwd. Cafodd ei syniadau ddylanwad ar Tom Ellis hefyd trwy David Daniel, yn enwedig ar ôl iddo symud i ffwrdd o Gymru, a daeth i edmygu'n fwyfwy ei safiad di-ildio dros Gymru.

Yr oedd Tom Ellis yn un ar bymtheg oed pan aeth i Goleg y Brifysgol, Aberystwyth, ym 1875. Ymaflodd yn frwdfrydig yn ei astudiaethau gan ddangos yr un penderfyniad a'r un gallu i weithio'n galed ag a welwyd yn gynharach yn ei yrfa addysgol. Hefyd yr oedd yn weithgar ym mywyd y Coleg, yn olygydd cylchgrawn coleg ac yn chwarae rhan amlwg yn y dadleuon colegol. Bu Aberystwyth a'r blynyddoedd a dreuliodd yno yn bwysig i Tom Ellis am sawl rheswm. Yno y daeth dan ddylanwad Prifathro cyntaf y Coleg, Thomas Charles Edwards, a chyfeillachu â dynion ifainc o wahanol rannau o Gymru a fu'n rhannu ag ef y cyffro meddyliol a chenedlaethol a welwyd mewn gwledydd eraill ar y pryd. Yr oedd y Prifathro'n bregethwr grymus heblaw bod yn ysgolhaig o fri, ac fe fagodd yn y dynion ifainc hyn barch tuag at Gymry mawr y gorffennol a dyhead i wasanaethu Cymru. Daeth rhai o'r myfyrwyr cynnar hyn, megis T.F. Roberts, R.A. Griffiths ac Ellis Griffith, yn gyfeillion ac yn gydweithwyr i Tom Ellis

of what the Nonconformists saw as an alien and unsympathetic Church, should have received such strong support in Wales.

Nonconformity and Liberalism had become particularly well established in Meirionnydd and in the Bala area especially. The county had only narrowly failed to return a Liberal to Parliament as early as 1859, and the Methodists and Independents had each established their own theological college in Bala. The principal of the Independent college, Michael D. Jones, was one of the outstanding leaders of Welsh Nonconformity. Jones, who was the man behind the founding of the Welsh colony in Patagonia, was a person of strong character and originality, and quite early in the century gave a Welsh dimension to Liberalism. He not only resented the oppression of the landowners and the privileges of the established Church but felt that the Welsh people should be more aware of their nationality and show more pride in their language and culture. His influence was felt by many young Welshmen of Ellis's generation and particularly by David Daniel and Owen Edwards, both of whom were frequent visitors to his home. Daniel enrolled as a student at Michael Jones's college and under his influence became an ardent nationalist. Through Daniel, Ellis too felt the influence of Jones, especially after he had moved away from Wales, and came to admire more and more his uncompromising stand for Wales.

Tom Ellis was sixteen when he entered University College, Aberystwyth in 1875. He took up his studies there enthusiastically and showed the same resolution and aptitude for hard work evident during the earlier stages of his education. He was also active in student affairs, editing a college magazine and taking a prominent part in debates. Aberystwyth and the years that he spent there were important to Tom Ellis for several reasons. There he came under the influence of its first Principal, Thomas Charles Edwards; and it was there also that he mixed with young men from different parts of Wales who shared with him the intellectual and national excitement abroad. Edwards, who was a powerful preacher as well as a distinguished academic, engendered in these young men a respect for great Welshmen of the past and a desire to serve Wales. Some of these early students, like T. F. Roberts, R. A. Griffiths and Ellis Griffith, became friends and

yn yr ymgyrch i ennyn parch i draddodiadau gorau Cymru ac i sicrhau parhad i'r etifeddiaeth a'i hatgyfnerthu.

Ni thorrwyd awch Tom Ellis am wybodaeth gan ei flynyddoedd yn Aberystwyth, ac fel sawl un o'i gydfyfyrwyr penderfynodd barhau â'i astudiaethau yn Rhydychen. Er iddo ennill ysgoloriaeth i Goleg yr Iesu, am resymau nad ydynt yn glir ni fanteisiodd arni a bu'n byw yn Rhydychen gydag un o'i hen gydfyfyrwyr o Aberystwyth, heb gysylltiad ag unrhyw goleg. Ar ôl blwyddyn annodweddiadol o ddibwrpas iddo ef, yn dysgu rhwyfo ac yn dangos diddordeb yn Rhyddfrydiaeth Gladstone, cofrestrodd yn y Coleg Newydd ym mis Hydref 1880. Yma bu'n rhan o awyrgylch a oedd yn wahanol iawn i bopeth yn ei brofiad cyn hynny. Cyfathrachai â dynion ifainc a oedd i ddod ymhen amser yn arweinwyr bywyd cyhoeddus Lloegr — dynion na wyddent ond ychydig am Gymru ac a oedd heb gydymdeimlad â'i phroblemau hi. Erbyn hyn yr oedd wedi datblygu'n ffigur trawiadol iawn, yn dal â gwallt cyrliog, cochlyd, ac ni fu'n hir cyn ennill cyfeillion trwy ei ddidwylledd a'i bersonoliaeth hynaws. Ymaelododd yn yr ysgol Hanes ac ym marn ei diwtor yr oedd yn fyfyriwr nodedig o ran ei gymwysterau meddyliol a'i werthfawrogiad bywiog o lenyddiaeth. Trawyd ei diwtor hefyd gan ei gydymdeimlad â'r difreintiedig a'i awydd i wella'u stad. Yn ystod ei flynyddoedd yn Rhydychen dyfnhaodd ei ddiddordeb mewn gwleidyddiaeth a daeth fwyfwy i edmygu Gladstone ac i gefnogi'r blaid Ryddfrydol ddiwygiol yr oedd Gladstone yn ben arni.

Heblaw gweithio'n galed wrth ei astudiaethau academaidd ymdaflodd Tom Ellis i fywyd y myfyrwyr yn Rhydychen ac etholwyd ef yn aelod o bwyllgor yr Undeb enwog a drefnai ddadleuon y Brifysgol. Yn ystod un o'r dadleuon hyn, wrth wrando ar Aelod Seneddol a chenedlaetholwr o Wyddel a wahoddwyd yno i siarad, y daeth yn ymwybodol o gryfder yr ymgyrch dros ymreolaeth yn Iwerddon. Yn gynharach yn ei astudiaethau darganfuasai waith ysgrifenedig Mazzini, y gwladgarwr Eidalaidd. Swynwyd ef gan syniadau'r diwygiwr hwn a daethant yn bwysig iddo ac yn oleuni i'w ddilyn wrth iddo ffurfio ei athroniaeth wleidyddol ei hun. Hawliai cenedlaetholdeb Mazzini fod gan genedl yr hawl i ryddid ond bod ganddi'r cyfrifoldeb hefyd i sicrhau cyfiawnder cymdeithasol o fewn ei ffiniau ac i fod yn ddylanwad er daioni yn y byd. Er mai gorchwyl y foment i Mazzini a'i ddilynwyr oedd uno'r Eidal a'i rhyddhau o ormes ymerodraeth Awstria, ar yr un pryd

collaborators of Ellis in the crusade to respect Wales's best traditions and to continue and strengthen this legacy in the future.

Ellis's years at Aberystwyth did not satisfy his thirst for knowledge and, like several of his fellow students, he decided to continue his studies at Oxford. Although he had won a scholarship to Jesus College he did not, for reasons which are not clear, take it up, and resided in Oxford with one of his former Aberystwyth colleagues, unattached to any college. It was only after, for Ellis, an uncharacteristically purposeless year, learning to scull and showing an interest in Gladstonian Liberalism, that he joined New College in October 1880. Here Ellis entered an atmosphere that was very different from anything that he had encountered before. At New College he mixed with young men who would in due course become leaders of English public life and who had very little knowledge of Wales or sympathy with her problems. He had by this time become a rather striking figure, tall with reddish, curly hair, and his sincerity and genial personality soon won him friends. Ellis read for the History school, and his tutor saw him as an outstanding student, as regards both his mental qualities and his lively appreciation of literature. He was also struck by his sympathy for the underprivileged in society and his concern to alleviate their lot. Ellis's years at Oxford saw a deepening in his interest in politics, a growing admiration for Gladstone and support of the reforming Liberal party which he led.

As well as working hard at his academic studies, Ellis became actively involved at Oxford in student affairs and was elected a committee member of the prestigious Union which ran the University debates. It was during one of these debates that Tom Ellis, listening to a guest Irish nationalist MP, became aware of the strength of the Irish Home Rule demand. Earlier during his studies he had come across the writings of the Italian patriot Mazzini, and the ideas he proclaimed appealed to Ellis and became a guiding light in his political outlook. Mazzini's nationalism claimed that, while a nation has the right to freedom, it also has responsibilities to secure social justice within its own borders and to be an influence for good in the world. Although for Mazzini and his followers the immediate task was Italian unification

gosodwyd o flaen y genedl ddelfrydau aruchel o gyfiawnder a chynnydd yr holl ddynoliaeth.

Nid aeth ei wreiddiau'n angof ganddo fodd bynnag, a pharhaodd ffydd grefyddol ei gartref a'i gariad at Gymru yn elfennau hanfodol yn ei fywyd. Cadwodd mewn cysylltiad agos â David Daniel er i'w llwybrau wahanu erbyn hyn. Byddent yn treulio amser hir yng nghwmni ei gilydd yn ystod y gwyliau yn trafod llenyddiaeth, gwleidyddiaeth a dyfodol Cymru. Byddai'r trafod yn parhau er eu bod ar wahân, a goroesodd llawer o lythyrau yn dystiolaeth i'w gobeithion ar gyfer Cymru ac i'w cynlluniau ar gyfer ei dyfodol hi. Yr oedd cefnogaeth barhaol David Daniel i achos cenedlaetholdeb Cymreig yn atgyfnerthu'r dylanwad a gafodd syniadau Mazzini ar Tom Ellis. Erbyn iddo orffen ei gwrs yn Rhydychen yr oedd yn dechrau gweld yn ymateb Iwerddon i'w sefyllfa hi ei hun esiampl y dylai Cymru ei hefelychu a thrwy wneud hynny godi ei gobeithion a'i statws fel cenedl.

II
Llundain a Chymru Fydd

Gadawodd Tom Ellis Rydychen yn haf 1884 gyda gradd dda mewn Hanes. Cynigiasai ei hen Brifathro le iddo ar y staff yn Aberystwyth, ond nis derbyniodd gan na wyddai ar ba lwybr y gorweddai ei ddyfodol. I bob golwg newyddiaduriaeth fyddai'r llwybr tebycaf i roi iddo gyfle i ddatblygu ei ddiddordebau. Cyfrannodd ambell erthygl i bapurau newyddion cyn iddo raddio, ac ymhen amser byr ar ôl gadael Rhydychen yr oedd yn ysgrifennu erthygl wythnosol i bapur newydd yng Nghaerdydd ar farn y bobl ar bynciau'r dydd. Tua'r adeg hon yr ymddiriedodd i gyfaill iddo ei fod yn tueddu fwyfwy tua'r gobaith mai trwy ysgrifennu y byddai'n ennill ei fara beunyddiol ac mai dyma'r ffordd orau i roi ar waith yr hyn a oedd o allu a daioni ynddo. Ond nid felly y bu, ac ar ôl cyfnod byr o lai na blwyddyn fel tiwtor i fab i berchennog-llongau cyfoethog yn byw gerllaw Caerdydd, aeth yn ysgrifennydd preifat i John Brunner, Aelod Seneddol Rhyddfrydol. Golygodd hyn symud i Lundain a chymryd cam agosach at yr yrfa wleidyddol y dechreuodd arni ei hun ymhen tipyn.

and freedom from the yoke of the Austrian empire, they placed before the nation lofty ideals of justice and the progress of all mankind.

Ellis did not forget his roots, however, and the religious faith of his home and his devotion to Wales remained vital elements in his life. He kept in close touch with David Daniel, even though their paths had diverged. They spent much time together during the vacations discussing literature, politics, and the future of Wales. These discussions continued while they were separated, and many letters survive to testify to their hopes for Wales and plans for her future. Daniel's continuous advocacy of Welsh nationalism reinforced the impact that Mazzini's ideas had had on Ellis. By the time his Oxford days were over Ellis was beginning to see in Ireland's response to her situation an example which Wales should follow, and so raise her sights and status as a nation.

II
London and Young Wales

Tom Ellis left Oxford in the summer of 1884 with a good degree in history to his credit. He had been offered a position on the staff of Aberystwyth by his former Principal, but, not certain where his future course of activity lay at this stage, he turned it down. Journalism seemed to be the most likely course to give his interests the scope they needed. Ellis had, before graduating, contributed occasional articles to various newspapers and, within a short time of leaving Oxford, he was writing a weekly article for a Cardiff daily on Welsh opinion on current topics. About this time he confided to one of his friends that he 'was leaning more and more to the hope that the pen will give me the necessary crust of bread, and be the best means of outlet of what there is of ability and goodness in me'. Events took a different course, however, and after a short spell of less than a year as tutor to the son of a shipping magnate who lived near Cardiff, he became private secretary to a Liberal MP, John Brunner. This meant a move to London and a step nearer to the career in politics which he was soon to take up.

Fel ysgrifennydd i John Brunner bu ganddo gysylltiad agosach â'r bywyd seneddol, a sylweddolodd pa mor annigonol a llipa oedd y gynrychiolaeth Gymreig yn Nhŷ'r Cyffredin. Y pryd hwnnw yr oedd Cymru'n dychwelyd 33 o Aelodau Seneddol, a thrwy'r ddeunawfed ganrif ac am gyfran helaeth o'r bedwaredd ganrif ar bymtheg daethent o ddosbarth y tirfeddianwyr. Ar y cyfan ni fyddent yn ymddiddori nac yng Nghymru nac yng ngobeithion ei phobl. Fodd bynnag, oherwydd ehangu'r etholfraint ym 1867 bu pleidlais gan lawer mwy o Gymry, ac o ganlyniad dechreuodd aelodau Cymreig mwy gweithgar ymddangos yn y Senedd. Yn etholiad 1868 dychwelwyd Henry Richard ac Osborne Morgan, a chodwyd pynciau yn ymwneud â Chymru gan y ddau. Gwnaethant argraff ar Dŷ'r Cyffredin fel cefnogwyr achosion arbennig megis anghyfiawnderau'r deddfau claddu a'r angen am bleidlais ddirgel, ond ni chynhyrfwyd teimladau cenedlaethol y Cymry ganddynt mewn un modd. Ffigurau di-liw braidd oedd y rhan fwyaf o'r aelodau Cymreig, ac yng ngeiriau Stuart Rendel, yr Aelod Seneddol Rhyddfrydol dros sir Drefaldwyn, a'u harweinydd o 1888, bron â bod mewn categori is: 'a cheaper sort of member'. Gellid dweud amdanynt i gyd, gan gynnwys Henry Richard ac Osborne Morgan, eu bod yn ddynion a feddyliai mewn cyd-destun Rhyddfrydol Prydeinig yn hytrach na chyd-destun cenedlaethol Cymreig.

Yr oedd yr ehangu pellach ar yr etholfraint a ddigwyddodd ym 1884 wedi cyflymu'r broses o newid a thanlinellodd etholiad 1885 benarglwyddiaeth wleidyddol Rhyddfrydiaeth yng Nghymru. Bu cynnydd o un yn yr aelodau a gynrychiolai Gymru a chipiodd y Rhyddfrydwyr 30 o'r 34 sedd. Anghydffurfwyr oedd mwyafrif yr aelodau hyn, a chydymdeimlent â dyheadau'r Cymry ac â'r hyn a ddisgrifiwyd gan un ohonynt yn rhywbeth anniffiniol yn yr awyr sy'n dweud i'r bobl gael eu hail-ddeffro i weithredu ac iddynt ddod yn fwyfwy ymwybodol o gynheddfau a fu'n gorwedd ynghwsg yn rhy hir. Yr oedd y rhan fwyaf yn cefnogi diwygiadau addysgol a thirol, ond yr achos hollbwysig iddynt i gyd oedd datgysylltiad a diwaddoliad yr Eglwys Anglicanaidd. Dalient y dylid newid statws a braint yr Eglwys hon mewn gwlad lle yr oedd cyfartaledd cyfuwch o'r boblogaeth yn Anghydffurfwyr. Felly, fe ddaeth datgysylltiad yn achos Cymreig a llifodd emosiwn cenedlaethol y Cymry i mewn i'r crwsâd hwn, tra bod y

As secretary to John Brunner, Ellis's closer contact with parliamentary life made him realize how inadequate the feeble Welsh representation in the Commons was. Wales at that time returned thirty-three members, and throughout the eighteenth century and for a large part of the nineteenth they had been drawn from the landowning classes. Generally speaking they were not interested in Wales nor in the aspirations of her people, but in 1867, owing to the widening of the franchise, many more Welsh people obtained the vote and, as a result, a more active type of Welsh member began to appear in Parliament. In the 1868 election Henry Richard and Osborne Morgan were returned and both raised issues relating to Wales. These two members made an impact in the House of Commons as advocates of particular causes such as the iniquities of the burial laws and the need for secret ballot, but they did not in any way stir the national sentiments of the Welsh people. The majority of the Welsh members, however, were rather colourless figures and, in the words of Stuart Rendel, Liberal MP for Montgomery, and from 1888 their leader, 'almost in an inferior category, a cheaper sort of member'. What could be said about all of them, including Henry Richard and Osborne Morgan, was that they were 'men who thought in a British Liberal rather than a Welsh national context'.

The further widening of the franchise, which occurred in 1884, accelerated the process of change and the 1885 election underlined the political domination of Liberalism in Wales. Welsh representation had been increased by one member and the Liberals captured 30 of the 34 seats. The majority of these members were Nonconformists, in sympathy with the aspirations of the Welsh people and what one of them called 'that subtle something in the air which tells of a people reawakened into generous activity and becoming more and more conscious of faculties which have too long lain dormant'. Most of them supported educational and land reform, but the issue that was of overriding importance to all of them was that of disestablishment and disendowment of the Anglican Church. The status and privileges of this Church, in a country where Nonconformists formed such a high proportion of the population, was, they felt, something that should be changed. Disestablishment thus became the cause of Wales, and Welsh national feeling poured itself into this crusade, while the Irish national

mudiad cenedlaethol yn Iwerddon yn gweld y feddyginiaeth i'w doluriau hwy mewn mesur o ymreolaeth.

Buasai Tom Ellis yn feirniadol o'r aelodau Cymreig cyn iddo ddod i gysylltiad agos â Thŷ'r Cyffredin. Cawsent eu cystwyo ganddo yn ei erthyglau a buasai'n pwyntio bys at y gwahaniaeth rhyngddynt hwy a'r blaid Wyddelig unedig yn Nhŷ'r Cyffredin dan arweiniad Parnell. Yr oedd wedi disgrifio'r rhan fwyaf o'r aelodau Cymreig fel ffosilau henffasiwn a oedd yn camarwain ac yn camgynrychioli'r Cymry. Yr oedd Gladstone wedi datrys problem datgysylltiad Iwerddon ac wedi deddfu er lliniaru problem y tir yno fel bod y Gwyddelod mewn gwell sefyllfa i fynnu ymreolaeth. Edmygai Tom Ellis deyrngarwch yr aelodau Gwyddelig i'w gwlad, ac erbyn dechrau 1886 yr oedd yntau'n mynnu teyrngarwch tebyg gan yr aelodau Cymreig i Gymru. Ni ddymunai ef weld yr adfywiad Cymreig yn cyfyngu ei hunan i ddatgysylltiad na hyd yn oed ymreolaeth, ond yn anwesu'r ddau nod hyn mewn adfywiad ehangach a gynhwysai bob agwedd ar y bywyd cenedlaethol. Datgysylltiad oedd yr achos cenedlaethol i'r rhan fwyaf o'r Rhyddfrydwyr Cymreig, ond gwelai Tom Ellis hyn yn nod rhy gyfyng. Mynnai ei weledigaeth ef adfywiad ym mhob agwedd ar fywyd ei wlad. Anogai werthfawrogiad a gwybodaeth ddyfnach o hanes, llenyddiaeth a diwylliant Cymru, datblygiad ei phensaernïaeth a'r celfyddydau cain, a'r hyn na fu'n rhan o wleidyddiaeth Gymreig ymarferol cyn hyn, sef cynulliad deddfwriaethol lle y gellid yn ddemocrataidd ddiwallu anghenion a dyheadau Cymru. Dywedwyd amdano gan Llewelyn Williams, a fu'n ymgyrchu gydag ef, na chymerwyd agwedd mor eang a chynhwysfawr o fywyd Cymru a'i bosibiliadau gan yr un Cymro arall yn ei ddydd.

Yr oedd symud i Lundain ar ddechrau 1886 nid yn unig wedi rhoi iddo gysylltiad beunyddiol â bywyd seneddol ond hefyd wedi dod ag ef i gyfathrach â chymdeithas Gymreig Llundain. Erbyn hyn yr oedd poblogaeth fawr o Gymry yno (mae'n debygol ei bod rhwng 50,000 a 60,000), a ddaethai o bob rhan o Gymru i ennill bywoliaeth mewn swyddi a phroffesiynau amrywiol. Yr oeddent wedi cadw eu Cymreictod, sefydlu capeli, eglwysi a chymdeithasau amryfal a chadw'n fyw eu cysylltiadau â Chymru. Fel y digwydd mor aml â phobl sy'n byw y tu allan i'w gwlad eu hunain, mae'r alltudiaeth yn rhoi min ar eu cenedligrwydd. Yr oedd Cymry Llundain yn Gymry mwy

movement saw the remedy for its grievances in a measure of self-government for Ireland.

Tom Ellis had been critical of the Welsh members before coming into close contact with the House of Commons. He had castigated them in the articles he had written and pointed to the contrast between them and the united Irish party in the Commons led by Parnell. To Ellis most of the Welsh members were 'antiquated fossils who are now misleading and misrepresenting us'. Gladstone had settled the disestablishment question in Ireland and had passed laws to improve the vexed land question, so that the Irish were better placed to demand Home Rule. Ellis admired the Irish members' allegiance to their country and by the beginning of 1886 was demanding a similar loyalty from the Welsh members to Wales. Ellis, however, did not wish to see the Welsh resurgence confine itself to disestablishment or even Home Rule, but to include both these objectives in a wider revival encompassing all aspects of national life. For most Welsh Liberals disestablishment was the national cause, but for Ellis this was too narrow a response. Ellis's vision demanded the regeneration of his country in every possible sphere. He urged a deeper appreciation and knowledge of Welsh history, literature and culture, development of architecture and fine arts and, something that had not before entered into the realm of practical Welsh politics, a legislative assembly where Wales's needs and aspirations could be democratically achieved. In the words of Llewelyn Williams, who crusaded with him, 'no Welshman of his day ever took so broad and comprehensive a view of Welsh life and its possibilities'.

Ellis's move to London at the beginning of 1886 not only brought him into daily contact with parliamentary life but also involved him in the Welsh community of London. There was by this time a large Welsh population there, probably about 50,000 to 60,000, who had come from all parts of Wales to engage in varying occupations and professions. They had maintained their Welsh identity, establishing chapels, churches, and various societies, and kept up their links with Wales. As so often with people living away from their homeland, their nationality was sharpened by exile and they were more passionately

twymgalon na'u cydwladwyr yng Nghymru. Daeth Tom Ellis yn rhan o'r gymdeithas hon yn fuan a symbylwyd ef gan eu brwdfrydedd. Ymaelododd mewn eglwys Gymraeg a bu'n athro yn yr Ysgol Sul ac yn athro mewn dosbarthiadau dysgu Cymraeg. Ymunodd hefyd â chymdeithas a alwyd y Brythonwys a gawsai ei ffurfio ychydig cyn hynny gan ddynion ifainc eiddgar i drafod Cymru a'i dyfodol. Ymatebodd ef i'w brwdfrydedd a bu'r rhai mwyaf pell eu gweledigaeth yn y grŵp, a sylweddololodd faint ei ddelfrydiaeth a'i gymwysterau fel arweinydd, yn cwrdd yn rheolaidd yn ei lety gerllaw Tŷ'r Cyffredin. Allan o'r cyfarfodydd hyn y tyfodd yn fuan gymdeithas Cymru Fydd i roi sylwedd i'w gobeithion a'u dyheadau.

Yr oedd yr ysbryd newydd hwn yn amlygu ei hun hefyd yng Nghymru ac ym mlwyddyn ffurfio Cymdeithas y Brythonwys y ffurfiwyd cymdeithas i wella statws yr iaith Gymraeg. Dan Isaac Davies, arolygydd ysgolion, oedd fwyaf cyfrifol dros sefydlu Cymdeithas yr Iaith Gymraeg. Cawsai'r cynllun ei lansio yn Eisteddfod Aberdâr ym 1885 ganddo ef ac eraill megis Beriah Gwynfe Evans a'r Canon John Griffiths. Ei hamcanion oedd hyrwyddo dysgu Cymraeg fel pwnc mewn ysgolion elfennol a sefydlu cyfundrefn gadarn o addysg ddwyieithog yng Nghymru. Bu Tom Ellis mewn cysylltiad â Dan Isaac Davies yn fuan, yn cefnogi'r fenter newydd ac yn ei annog i ledaenu dylanwad y Gymdeithas trwy ogledd Cymru. Mewn llythyr a ysgrifennodd yn nechrau 1886 soniodd am rai o bapurau newyddion gogledd Cymru a fyddai, yn ei dyb ef, yn croesawu adroddiadau am waith y Gymdeithas. Hefyd pwysleisiodd bwysigrwydd comisiynu rhai i gasglu deunydd ar gyfer llyfrau darllen Cymraeg a llawlyfrau. Bu farw Dan Isaac Davies yn ddyn ifanc yn fuan ar ôl ffurfio'r Gymdeithas ond parhaodd ei gwaith a thyfodd ei dylanwad. Ni chollodd Tom Ellis ddiddordeb ynddi ac, er gwaethaf galwadau'r swyddi uchel a lanwai maes o law, parhaodd yn nodweddiadol o gadarn wrth ymglymu yng ngweithgareddau'r Gymdeithas hyd ddiwedd ei fywyd.

Gwelwyd yr ymwybod newydd hwn a'r balchder yn niwylliant Cymru hefyd ymysg myfyrwyr Cymreig Rhydychen, a chwaraeodd nifer ohonynt ran nodedig yn yr adfywiad tua diwedd y bedwaredd ganrif ar bymtheg. Ym 1886 ffurfiwyd Cymdeithas Dafydd ap Gwilym. Owen Edwards, cyfaill bachgendod Tom Ellis, oedd un o'r

Welsh than people living in Wales. Ellis immediately became part of this London-Welsh community and their ardour stimulated him. He joined a Welsh Church, taking Sunday School and Welsh language classes. He also joined a society known as the Brythonwys formed a little earlier by ardent young men to discuss Wales and her future. Ellis responded to their enthusiasm and the more percipient of the group, realizing his idealism and capacity for leadership, began to meet regularly in his rooms near the House of Commons. It was out of these meetings that the Cymru Fydd or Young Wales Society soon arose to give shape to their hopes and aspirations.

This new spirit was manifesting itself in Wales too, and in the same year that the Brythonwys Society had been created a society was formed to improve the status of the Welsh language. The man mainly responsible for setting up the Society for Utilizing the Welsh Language was an inspector of schools named Dan Isaac Davies. Together with others, like Beriah Gwynfe Evans and Canon John Griffiths, he had launched the scheme at the Aberdare Eisteddfod in 1885. Its aims were to promote the use of Welsh as a subject to be taught in primary schools and to establish a sound system of bilingual education in Wales. Ellis was soon in contact with Davies, encouraging the new venture and urging him to spread the Society's influence in north Wales. In a letter written at the beginning of 1886, Ellis mentioned some of the north Wales papers which he felt would welcome reports of the Society's work. He also pressed upon Davies the importance of commissioning individuals 'to gather materials for Welsh reading books and handbooks'. Davies died young soon after the formation of the Society but its work continued and its influence grew. Ellis did not lose interest and, in spite of the demands of high office, remained, with characteristic steadfastness, involved in the Society's activities to the end of his life.

This new awareness of and pride in Welsh culture became evident also among Welsh students at Oxford, several of whom played a notable part in the Welsh awakening which occurred towards the end of the nineteenth century. A society was formed in 1886 known as the Dafydd ap Gwilym, after the celebrated Welsh fourteenth-century poet. One of the leading founders was Ellis's boyhood friend Owen

prif sylfaenwyr, ac yn ei ystafelloedd ef yng Ngholeg Lincoln y cyfarfu'r Dafydd gyntaf. Daeth y dynion ifainc hyn ynghyd i ddarganfod mwy am eu treftadaeth Gymreig, ei llenyddiaeth a'i hanes, a oedd, yn eu tyb hwy, yn diflannu. Dywedodd un o'r aelodau cynnar iddo gael mwy o ysbrydoliaeth yng nghyfarfodydd Cymdeithas Dafydd ap Gwilym nag mewn un o ddosbarthiadau'r Brifysgol. Gwnaeth Owen Edwards a nifer o aelodau eraill megis John Morris-Jones, Llewelyn Williams a J.E. Lloyd gyfraniadau pwysig i'r dadeni llenyddol ac academaidd a flodeuodd ym mlynyddoedd olaf cyfnod Victoria ac yn ystod y cyfnod Edwardaidd. Ni fu Tom Ellis yn aelod gan iddo adael Rhydychen cyn ffurfio'r Gymdeithas, ond adnabu'r aelodau'n dda a bu'n rhoi cefnogaeth i'w hymchwil lenyddol a hanesyddol. Iddo ef yr oedd eu hymdrechion diwylliannol hwy i gyfrannu at adfywiad Cymru fel cenedl mor bwysig â'i ymdrechion ef ym myd gwleidyddiaeth.

Nid ymysg Cymry Llundain yn unig y gwelwyd addewid Tom Ellis. Yr oedd Rhyddfrydwyr ym Meirionnydd, ei sir ei hun, yn dechrau edrych arno fel eu Haelod Seneddol nesaf. Yr oedd yr aelod Rhyddfrydol ar y pryd, Henry Robertson, ac yntau'n 70 oed, wedi penderfynu peidio â'i gynnig ei hun yn yr etholiad nesaf. Yng ngwanwyn 1886 cyfarfu nifer o Ryddfrydwyr blaenllaw y sir â Tom Ellis i'w ddarbwyllo i dderbyn yr enwebiad. Cefnogwyd ef yn frwd gan Michael D. Jones a chan Lloyd George a oedd ei hun â'i fryd ar yrfa seneddol ac a ddywedodd ei fod yn argyhoeddedig fod Tom Ellis wedi'i dynghedu i achub Cymru 'from the grip of respectable dummyism'. Yn ei ateb i lythyr a yrrwyd ato gan olygydd papur newydd lleol yn ei awgrymu ef fel yr ymgeisydd nesaf, cydnabu fod y garfan bresennol o aelodau seneddol yn dal i ganiatáu i Gymru gael ei hanwybyddu. Dywedodd nad oedd erioed wedi breuddwydio hyd nes yr aeth i Lundain pa mor llwyr yr anwybyddid Cymru ym mhob modd posibl. Yr oedd y Rhyddfrydwyr a'i cefnogodd yn gwybod eu bod yn torri â'r gorffennol wrth ddewis mab i denant o ffermwr a wyddai eu cwynion ac a oedd yn barod i ymladd dros eu dileu. Derbyniodd Tom Ellis yr enwebiad, ac fe ddaeth yn eglur yn fuan fod ysbryd newydd ar droed yng ngwleidyddiaeth Cymru pan gyhoeddodd ei anerchiad etholiadol ym Mehefin 1886. Yn ychwanegol at ei ymrwymiad i Ryddfrydiaeth Gladstone a'i gefnogaeth i ymreolaeth i Iwerddon, datgysylltiad, diwygiad tir ac addysg, clywyd am y tro cyntaf mewn etholiad gais am ymreolaeth i Gymru. A'r un mor newydd y pryd hwn

Trwy ganiatâd Llyfrgell Genedlaethol Cymru
By permission of the National Library of Wales

T.E. Ellis

Cymdeithas Dafydd ap Gwilym 1886/87

Yn sefyll/Standing: *D.M. Jones; *(Syr) D. Lleufer Thomas; *(Syr) Edward Anwyl; T.G. Owen; *(Syr) John Morris-Jones.

Yn y canol/Centre: W.D. Roberts; *J. Puleston Jones; *J.O. Thomas.

Yn y blaen/Front: W. Llewelyn Williams; (Syr) John Rhys; *(Syr) Owen M. Edwards.

*Sylfaenwyr y Gymdeithas/The founder-members of the Society

Edwards, at whose rooms in Lincoln College the 'Dafydd' first met. These young men came together to explore more of their Welsh heritage, literature and history, which they felt were being lost. One of the early members said that he had received more inspiration from the meetings of the Dafydd ap Gwilym Society than from any class in the university. Edwards himself, and several other members like John Morris-Jones, Llewelyn Williams and J. E. Lloyd, made important contributions to the literary and academic renaissance which flourished in late Victorian years and the Edwardian period. Ellis was not a member, for he had left Oxford before the Society came into being, but he knew the members intimately and encouraged their literary and historical research. For Ellis, their cultural efforts were as important as his own in the political sphere to revive Wales as a nation.

It was not only among the London Welsh that Ellis's potential had been recognized. Liberals in his own county of Meirionnydd were beginning to see him as their future Member of Parliament. The sitting Liberal member, Henry Robertson, now aged 70, had decided not to seek re-election. In the spring of 1886 several prominent Liberals in the county approached Ellis in order to persuade him to accept the nomination. Michael Jones supported him enthusiastically and Lloyd George, set on a parliamentary career himself, also gave him his backing, convinced, as he said, that Ellis was 'destined to rescue Wales from the grip of respectable dummyism'. Ellis, in reply to a letter sent to him by the editor of a local newspaper suggesting him as a candidate, acknowledged how 'the present set of members continue to allow Wales to be ignored. Till I came here I never dreamt how completely Wales is passed over in every possible way'. The Liberals who backed him were conscious that they were making a break with the past in choosing a tenant farmer's son who knew their grievances and was prepared to fight in order to remedy them. Ellis accepted the nomination, and when he published his election address in June 1886 it soon became clear that a fresh spirit was abroad in Welsh politics. In addition to its commitment to Gladstonian Liberalism, with support for Irish Home Rule, disestablishment, land reform and educational advance, there was for the first time in an election the demand for Welsh Home Rule. Equally innovatory at this time was the use of the

oedd y ffaith mai yn Gymraeg yr oedd yr anerchiad etholiadol. Gwelwyd yn glir fod yr etholiad wedi ennyn diddordeb cenedlaethol y tu hwnt i ffiniau'r sir pan gafodd ei ymgyrch gefnogaeth Mabon, un o arweinwyr y glowyr ym Morgannwg, a Lloyd George, y cyfreithiwr ifanc y cyfarfu Tom Ellis ag ef rai misoedd yn gynt. Yr oedd hi'n sedd Ryddfrydol weddol ddiogel ac yng Ngorffennaf 1886 dychwelwyd Tom Ellis â mwyafrif cyfforddus dros ei wrthwynebydd, tirfeddiannwr lleol.

III
Yr Aelod dros Feirionnydd

Bu Tom Ellis yn AS eithriadol o weithgar, yn codi cwestiynau am Gymru yn y Tŷ yn barhaus ac yn siarad ar faterion cenedlaethol ar hyd a lled Cymru. Yr oedd yn gyd-ddigwyddiad iddo ddechrau ei yrfa seneddol pan ffrwydrodd yr helyntion yn sir Ddinbych yn ystod haf 1886. Daeth y cwynion ynghylch tir a chrefydd ynghyd pan wrthododd ffermwyr Cymreig dalu'r degwm a hwythau wedi eu hergydio'n drwm gan y dirwasgiad amaethyddol. Dilynodd rhyfel y degwm; anfonwyd y milisia i'r ardal ac atafaelwyd nwyddau'r ffermwyr hynny a wrthododd dalu. Gwelodd Tom Ellis yn y gwrthdystiad di-drais hwn ategiad o'r ysbryd a'r cadernid yr oedd yn rhaid wrthynt mewn Cymru wedi ei hadfywio'n wleidyddol, a chefnogodd safiad y ffermwyr. Cefnogwyd hwy hefyd gan Lloyd George, ac yntau erbyn hyn wrth ei waith fel cyfreithiwr; dywedodd ei fod ar y pryd yn amddiffyn ffermwyr yn y llysoedd oherwydd yr ysbryd gwrthryfelgar a gyffrowyd ynddynt gan ddylanwad Tom Ellis. Anerchwyd cyfarfodydd yn ardaloedd yr helynt gan Tom Ellis a siaradodd yn egnïol ar ran y ffermwyr yn y Tŷ. Mewn ffaith, dyma'r cwestiwn cyntaf a gododd ar lawr y Tŷ pan dynnodd sylw at feichiau'r ffermwyr ac anghyfiawnder y taliadau degwm mewn ardal lle nad oedd ond tri y cant o'r boblogaeth yn mynychu'r Eglwys Anglicanaidd. Cyffrowyd ef a llanwyd ef â dicter a dirmyg gan y trais a ddefnyddiwyd yn erbyn rhai o'r ffermwyr. Condemniodd y rhai a fu'n gyfrifol fel 'dim mwy na herwyr â gwisg hanner-filwrol amdanynt yn dwyn y pastynau swyddogol a ddefnyddiwyd mor llym yn ddiweddar yn Sgwâr Trafalgar'. Ond sylweddolodd Tŷ'r Cyffredin nad rhyw gynhyrfwr yn unig mohono a chanlyniad grymuster ei ddadleuon oedd iddo gael ei ethol i Bwyllgor Ffermwyr Tenant y Tŷ.

Welsh language to convey the election message. That the election elicited a national response beyond the county borders became clear when Ellis's campaign was supported by Mabon, a miners' leader from Glamorgan, and the young solicitor Lloyd George whom Ellis had met a few months earlier. It was a fairly safe Liberal seat and Ellis was returned against a local landowner, with a confortable majority, in July 1886.

III
Member for Meirionnydd

Tom Ellis became an exceptionally hard-working MP, continuously raising Welsh questions in the House and speaking on national issues throughout Wales. His arrival in Parliament coincided with the disturbances which erupted in Denbighshire during the summer of 1886. The grievances associated with land and religion came together when Welsh farmers, hit by the agricultural depression, refused to pay tithes. The tithe war which followed saw the entry of the militia into the area and distraint of the goods of those farmers who refused to pay. Ellis, who saw in this non-violent protest an assertion of the spirit and robustness needed in a politically revitalized Wales, supported the farmers' stand. Lloyd George, also a supporter of the farmers and practising by now as a solicitor, said at this time that he was engaged in defending farmers in the courts as a result of the spirit of rebellion instilled into them by Ellis's influence. Ellis addressed meetings throughout the troubled areas and spoke vigorously for the farmers in the House. In fact the first question he raised as a member was on this issue, when he pointed out the burdens borne by the agricultural community and the iniquity of tithe payments in an area where only three per cent of the population attended the Anglican Church. He was stirred to contemptuous anger at the violence used against some of the farming community and denounced the perpetrators as 'nothing more than brigands dressed in the semi-military uniform and armed with the regulation batton [sic] which have recently done such execution in Trafalgar Square'. The Commons realized, however, that he was no mere agitator and the cogency of his arguments resulted in his election to the Tenant Farmers' Committee of the House.

Dadleuodd Tom Ellis achos Cymru yr un mor rymus wrth fynnu gwelliant yn y cyfleusterau addysgol Cymreig. Yr oedd diffygion addysgol y wlad yn ddigon eglur. Yr oedd nifer y disgyblion mewn ysgolion gramadeg yng Nghymru ym 1881 yn llai na nifer y myfyrwyr prifysgol yn Iwerddon. Yn fuan ar ôl cael ei ethol yr oedd yn ysgrifennu at y gweinidog cyfrifol yn gofyn am adroddiad blynyddol ar addysg yng Nghymru. Hyd hyn yr arfer cyffredin oedd cyfeirio'n gwta at Gymru mewn cyfrol swmpus a chostus yn ymdrin ag addysg yn y Deyrnas Gyfunol a gyhoeddid bob dwy flynedd. Y tu ôl i'r cwestiynau a osodwyd ganddo yn y Tŷ a'i areithiau y tu allan oedd yr haeriad mai cenedl oedd y Cymry. Heddiw, bron canrif yn ddiweddarach, hawdd anwybyddu ansawdd arloesol gweithgarwch Tom Ellis a'r anawsterau a wynebai yn y gwaith hwn. Y pryd hwnnw ni cheid cytundeb parod ynghylch bodolaeth cenedligrwydd Cymreig a'i oblygiadau. Yr oedd hyn yn wir nid yn unig yn Lloegr ond yng Nghymru hefyd, lle ceid diffyg hyder ymysg y Cymry wrth honni cenedligrwydd Cymreig ar ôl canrifoedd o gael eu llyncu'n wleidyddol a'u huno'n ddeddfwriaethol â Lloegr. Mewn araith a draddododd yn ei etholaeth ei hun y pryd hwn, rhoes ei genadwri'n glir pan ddywedodd nad deuddeg neu dair ar ddeg o siroedd a rannwyd gan law Sais oedd Cymru, ond cartref ein cenedl ni a nod bys yr Hollalluog arni. Yr oedd hwn yn bwnc o bwys anhraethol iddo a fyddai'n hawlio sylw pellach yn y dyfodol. Yn ei olwg ef yr oedd yn anorfod fod cenedligrwydd yn hawlio bod Cymru'n ymaflyd yn y cyfrifoldeb o lywio ei materion mewnol ei hun, fel bod cyngor cenedlaethol ganddi i arolygu ei haddysg a Llys Tir i weinyddu materion amaethyddol. Byddai'r fath gyrff, yn ei dyb ef, yn arwain yn anochel at gynulliad a etholid yn ddemocrataidd, ac y byddai'r cyrff yn atebol iddo.

Ni fu ymateb mwyafrif yr Aelodau Seneddol Cymreig i'r datganiad newydd hwn ar hawliau'r Cymry yn ffafriol iawn. Ag ond ychydig o eithriadau, ni wnaethant ddim ymdrech bron i roi cyhoeddusrwydd i faterion Cymreig, ac yr oedd eu difaterwch yn amlwg. Yr oedd hyd yn oed rhai fel Henry Richard ac Osborne Morgan, a oedd wedi cyflawni gwaith da, yn meddwl bod delfrydiaeth a brwdfrydedd Tom Ellis wedi eu camgyfeirio. Mewn dull sinicaidd priodolodd Humphreys-Owen, asiant etholiadol Stuart Rendel ar y pryd, ofynion Tom Ellis am ddeddf tir Cymreig a chynulliad i uchelgais a'r dymuniad i wneud arian.

Ellis asserted the claims of Wales equally vigorously over the need to improve educational facilities. Wales's deficiencies in this respect were all too clear. She had fewer grammar school students in 1881 than Ireland had students in her university. Soon after he was elected, Ellis was writing to the minister responsible asking for an annual report on education in Wales. Up to this time the usual practice had been the inclusion of a brief reference to Wales which appeared every two years in a bulky and expensive volume dealing with education in the United Kingdom. Behind the questions put by Ellis in the House and the speeches he was making outside was the assertion that Wales was a nation. It is easy to overlook today, nearly a century later, the pioneering quality of Ellis's activities and the difficulties faced by him in this work. At that time Welsh nationality and its implications were not readily conceded. This was true not only in England but in Wales too, where, with centuries of political absorption and legislative union with England, there was a diffidence about asserting Welsh nationhood. In a speech made in his own constituency at this time, his message was quite clear when he said that Wales was not simply twelve or thirteen counties divided up by an English hand but the home of our nation with the imprint of the finger of the Almighty upon it. This was a question of outstanding importance that would demand more notice in the days to come. For Ellis, nationhood inevitably demanded that Wales should take upon itself the responsibility for running its own internal affairs so that education would be supervised by a national council and a Land Court would administer agrarian affairs. Such bodies would in his view inevitably lead to a democratically elected assembly to which they would be responsible.

The response of the majority of the Welsh Members of Parliament to this unprecedented assertion of Welsh claims was not too favourable. With a few exceptions they had made little or no effort to bring Welsh matters into the open, and their indifference was all too clearly underlined. Even those, like Henry Richard and Osborne Morgan, who had done good work thought that Ellis's idealism and enthusiasm were misguided. Humphreys-Owen, at this time Stuart Rendel's election agent, cynically attributed Ellis's demands for a Welsh land law and assembly to ambition and the desire to make money. Osborne

Teimlai Osborne Morgan a Rendel yn ddig ynghylch ei ymdrechion i hawlio mwy a mwy yn enw radicaliaeth Gymreig gan ofni y byddent yn dieithrio Rhyddfrydwyr Seisnig dylanwadol. Felly defnyddiodd Rendel ei ddylanwad i ganolbwyntio ar ddatgysylltiad ac i'w wneud yn brif nod radicaliaeth Gymreig.

Daeth gwrthdrawiad yn fwyfwy anochel rhwng cenedlaetholdeb radicalaidd a'r Rhyddfrydiaeth fwy uniongred yr oedd Rendel yn ei harddel. Sylweddolodd Tom Ellis y byddai'n rhaid creu barn gyhoeddus oleuedig a mwy egnïol er mwyn lledaenu ei syniadau blaengar. Gofynnai hyn yn ei dro am gynrychiolaeth fwy ymrwymedig yn y Senedd, ac i helpu creu hyn sefydlodd yn Llundain Gymdeithas Cymru Fydd â chydweithrediad y Cymry ifainc a fu'n ymgynnull yn ei ystafelloedd y flwyddyn flaenorol. Sefydlwyd y Gymdeithas ym mis Ebrill 1887 a'i hamcanion oedd sicrhau ethol Aelodau Seneddol a gynrychiolai Gymru'n drwyadl ac a gefnogai welliannau yn unol â dyheadau cenedlaethol Cymru. Yr oedd prif nod gwleidyddol y Gymdeithas yn adleisio'r rhan honno o anerchiad etholiadol Tom Ellis a alwai am gorff deddfu cenedlaethol i Gymru (Ymreolaeth). Nid awgrymwyd ymwahanu, a'r bwriad oedd ennill gradd o ymreolaeth dros faterion penodol Gymreig gan adael materion amddiffyn a materion tramor yn nwylo Senedd San Steffan. Er nad esgorodd Cymru ar y fath gymdeithas wleidyddol am nifer o flynyddoedd, sefydlwyd dau gorff tebyg ym 1887. Digwyddodd hyn ymysg y Cymry alltud ym Manceinion a Birmingham, a bu'r ddau'n cadw cysylltiad agos â Chymdeithas Cymru Fydd Llundain. Yr oedd Tom Ellis a Herbert Lewis yn ddau o swyddogion anrhydeddus Cymdeithas Manceinion.

Yn y cyfamser rhoddwyd trefniadaeth well ar Ryddfrydiaeth yng Nghymru. Erbyn dechrau 1887 yr oedd Cynghrair Rhyddfrydol Gogledd Cymru, â'i ganolfan yn y Rhyl, wedi ei ffurfio, ac un arall yn y de â'i ganolfan yng Nghaerdydd. Dechreuodd delfrydau Cymru Fydd ddylanwadu ar y ddau gorff oherwydd yr oedd y ddau'n cynnwys cefnogwyr i Tom Ellis a'i fudiad. O ganlyniad i wasgu gan ddynion megis Lloyd George, Herbert Lewis, David Randell a Sam Evans, llwyddwyd i greu gradd newydd o undod trwy sefydlu Cyngor Cenedlaethol Cymreig yn cynrychioli'r ddau gynghrair. Bu cyfarfod cyntaf y Cyngor hwn yn Aberystwyth ym 1887 pryd y cytunwyd i

Morgan and Rendel resented his attempts to widen Welsh radical demands, fearing that they would alienate powerful English Liberals. Rendel, therefore, used his influence to concentrate on disestablishment and make it the main objective of Welsh radicalism.

The clash between this radical nationalism and the more orthodox Liberalism proclaimed by Rendel became increasingly inevitable. Ellis, in order to promulgate his advanced ideas, realized that it would be necessary to create an enlightened and more forceful public opinion. This in turn would demand a more committed Welsh representation in Parliament. In order to help to bring this about, Ellis, with the co-operation of the young Welshmen who had gathered in his rooms the previous year, set up in London the Young Wales or Cymru Fydd Society. It was constituted in April 1887 and its aims were to secure the return of Members of Parliament who 'are thoroughly representative Welshmen and will advocate Welsh reforms in accordance with national aspirations'. Its chief political objective echoed that part of Ellis's election address which called for a national legislature for Wales (Home Rule). There was no suggestion of separation, and what was intended was a degree of autonomy over specifically Welsh affairs, leaving defence and foreign affairs in the hands of the Westminster Parliament. Although no such politically motivated society arose in Wales itself for several years, two similar bodies were set up in 1887. This occurred among the Welsh exiles in Manchester and Birmingham, and both maintained close contacts with the London Young Wales Society, with Ellis and Herbert Lewis among the honorary officers of the Manchester Society.

Liberalism, meanwhile, was becoming more organized in Wales. By the beginning of 1887 there had come into existence a North Wales Liberal Federation centred at Rhyl and one in the south based in Cardiff. The ideals of Young Wales began to influence both bodies, for within them were supporters of Ellis and his movement. As a result of the pressure of men like Lloyd George, Herbert Lewis, David Randell and Sam Evans, a new degree of unity was achieved within Welsh Liberalism with the establishment of a Welsh National Council, representing both federations. The first meeting of this Council took place in Aberystwyth in 1887 when agreement was reached to adopt

ddefnyddio'r genhinen fel arwyddlun a 'Cymru Fydd' fel arwyddair y blaid. Er gwaethaf ymdrechion i gael y Cyngor i dderbyn amcanion gwleidyddol Cymru Fydd, gallodd Stuart Rendel, a lwyddodd i gipio'r llywyddiaeth, sicrhau mai prif nod gwleidyddol Rhyddfrydiaeth Cymru oedd datgysylltiad.

Er mwyn lledaenu eu delfrydau a chreu'r farn gyhoeddus oleuedig yng Nghymru a deimlent oedd yn angenrheidiol, lansiodd Tom Ellis a'i gefnogwyr gylchgrawn newydd. Yr oedd Tom Ellis wedi gobeithio cael Ellis Griffith, un o'i gyfoeswyr yn Aberystwyth, yn olygydd. Aeth i gwrdd â'r cyfreithiwr talentog hwn ond methodd â'i ddarbwyllo i ymgymryd â'r gwaith. Er gwaethaf hyn, ym mis Ionawr 1888 lansiwyd y cylchgrawn a alwyd *Cymru Fydd* ac a gyhoeddwyd yn Nolgellau, yn agos i gartref Tom Ellis. Cyhoeddiad dwyieithog oedd hwn a drafodai'n drylwyr amcanion gwleidyddol a gweithgarwch Cymru Fydd. Pan fu'n rhaid newid y golygydd a chymerodd Owen Edwards yr awenau, rhoddwyd heibio'r safiad diamwys o blaid ymreolaeth a gawsai ei fabwysiadu gynt gan y cylchgrawn. Mynnodd ei fod yn amhleidiol o ran ei wleidyddiaeth a bod ei bwyslais ar agweddau diwylliannol ar fywyd Cymru, a bu helynt o'r herwydd. O ganlyniad ymddiswyddodd Owen Edwards ym 1891 ac nid ymddangosodd y cylchgrawn wedi hynny. Ond ennill tir fu hanes achos Tom Ellis; yr oedd *Baner ac Amserau Cymru*, papur newydd wythnosol dylanwadol Thomas Gee, a fu ychydig flynyddoedd yn gynt yn gwrthwynebu ymreolaeth i Iwerddon, erbyn hyn wedi datgan ei gefnogaeth i'r mudiad newydd ac yn argymell ymreolaeth i Gymru.

O fewn blwyddyn o'i sefydlu ym 1887 cafodd mudiad Cymru Fydd lwyddiant gwleidyddol nodedig yng Nghymru. Ym mis Ebrill 1888 bu is-etholiad ym Mro Gŵyr a chyfreithiwr ifanc o Lanelli, David Randell, a fuasai'n weithgar yng Nghynghrair Rhyddfrydol De Cymru ac yn gefnogwr cryf i Gymru Fydd, yn ymladd y sedd. Datgelwyd y rhaniadau a oedd y tu mewn i Ryddfrydiaeth Cymru gan yr ymryson a fu am yr enwebiad pan heriwyd Randell gan yr hen Ryddfrydiaeth draddodiadol ym mherson Syr Horace Davey, yr Erlynydd Gwladol yng ngweinyddiaeth Gladstone. Yn ei anerchiad etholiadol pwysleisiodd David Randell yr angen am brifysgol i Gymru a chynulliad Cymreig. Rhoesai Tom Ellis gefnogaeth ymarferol iddo

the leek as the party emblem and Cymru Fydd as the party motto. In spite of efforts to obtain acceptance of Young Wales's political objectives, Stuart Rendel, who had succeeded in becoming president of the Council, was able to maintain the primacy of disestablishment as Liberal Wales's chief political objective.

In order to spread their ideals and create the enlightened public opinion in Wales which they felt was necessary, Ellis and his supporters started a new magazine. Ellis had hoped to obtain Ellis Griffith, one of his contemporaries at Aberystwyth, as its editor. Griffith, a brilliant lawyer, was approached by Ellis but he failed to persuade him to take on the task. The magazine, published from Dolgellau, near Ellis's home, and called *Cymru Fydd,* was launched nevertheless in January 1888. It was a bilingual publication giving full coverage of the political aims and activities of Young Wales. The unequivocal Home Rule stance which the magazine had previously adopted was, however, dropped when a change of editor became necessary and Owen Edwards took over. His insistence on political neutrality and emphasis on Welsh cultural aspects aroused controversy. As a result, Edwards resigned in 1891, and the magazine ceased to appear after that date. Ellis's cause, however, was gaining ground, for Thomas Gee's influential weekly newspaper, *Baner ac Amserau Cymru,* which a few years earlier had opposed Home Rule for Ireland, had by this time come out in support of the new movement and was advocating Home Rule for Wales.

Within a year the Young Wales movement, started in London in 1887, achieved a notable political success in Wales. In April 1888 a by-election occurred in Gower, when a young Llanelli solicitor, David Randell, who had been active in the South Wales Federation and who was a strong supporter of Young Wales, contested the seat. The struggle for the nomination revealed the divisions within Welsh Liberalism when Randell was challenged by the old, entrenched Liberalism represented by Sir Horace Davey, the Solicitor-General in Gladstone's last administration. Randell's election address urged the need for a Welsh university and a Welsh assembly. In the election, in

trwy annerch cyfarfodydd ar hyd yr etholaeth, a bu Randell yn llwyddiannus â mwyafrif bychan yn erbyn Syr John Dillwyn-Llewelyn, tirfeddiannwr lleol grymus. Wrth reswm yr oedd cymdeithas Cymry Llundain yn gorfoleddu, ac aethant i gwrdd â'r aelod newydd yn Llundain ar ei ffordd i hawlio ei sedd. Gwelsant hon fel y gyntaf yn unig mewn cyfres o fuddugoliaethau seneddol, a dyna fel y bu, gyda chefnogwyr fel Sam Evans, Lloyd George a'r cyfreithiwr o sir y Fflint, Herbert Lewis, i gyd yn dilyn olion traed Tom Ellis a David Randell i Dŷ'r Cyffredin.

Parhaodd Tom Ellis i ddadlau'n alluog ac yn rhesymegol fanwl dros ddeddfwriaeth arbennig i ddatrys problem tir Cymru, a mynnodd mai'r werin a ddylai fod yn berchen ar y tir. Mewn araith nerthol yn Nhŷ'r Cyffredin yn ystod haf 1888 pwysleisiodd y caledi economaidd a ddioddefwyd yng Nghymru lle y codasai'r rhenti, yn ystod y deng mlynedd ar hugain diwethaf, dros ddeg y cant yn fwy nag a wnaethant yn Lloegr. A chymaint mwy oedd perswâd ei araith gan y medrai dynnu ar ei brofiad ei hun a dweud wrth y Tŷ mai un o gartrefi'r werin oedd ei gartref ef, a bod y cyfle a gafodd i ymgyfathrachu â thenantiaid Cymreig wedi serio ar ei feddwl y gofid a'r poen a oedd yn llorio cannoedd a miloedd o denantiaid gonest a darbodus. Gwelwyd disgrifiad o'i ffydd ym modolaeth cymdeithas wledig egnïol a'i phwysigrwydd ym mywyd cenedl yn y rhagair a ysgrifennodd i daflen ar 'Village Banks'. Iddo ef, 'ym mhridd yr ardaloedd gwledig, ar y llechweddau ac mewn dyffrynnoedd diarffordd y ceir ffynonellau gorau bywyd cenedl. Yno y ceir crud dynoliaeth deilwng. Yn y mannau hynny y gosodir sylfeini sicr i'r corff ac i foesau; yno y ceir ffynhonnau iachusol byrlymus a fedrai ddod â iechyd i anffodusion brwydrau anhrugarog y dinasoedd'. Er nad oedd yr agwedd radicalaidd hon i bwnc y tir wrth ddant rhai o'r prif Ryddfrydwyr Cymreig, megis Rendel a Humphreys-Owen, yr oedd o bwys yn Nhŷ'r Cyffredin. Mewn dadl ym mis Mehefin 1888 cafodd penderfyniad, a gynigiwyd ganddo am ddeddfwriaeth dirol wahanol i Gymru, ei drechu o drwch blewyn, trwy 146 pleidlais yn erbyn 128.

Bu'r rhan fwyaf o'i waith yn Nhŷ'r Cyffredin yn ymwneud â sicrhau deddfwriaeth i unioni'r camwri a ddioddefai'r Cymry ac i hyrwyddo eu dyheadau cenedlaethol. Ychydig o gydymdeimlad fu gan y weinyddiaeth Geidwadol a oedd mewn grym y pryd hwnnw at y fath ddyheadau, ond eto, y Llywodraeth honno a basiodd Ddeddf

which Ellis actively supported him by addressing meetings throughout the constituency, Randell emerged as the victor with a narrow majority against a powerful local landowner, Sir John Dillwyn-Llewelyn. The members of the London Welsh Society were understandably jubilant, and the new member was met at Paddington on his way to take up the seat. They saw this as only the first in what indeed was to be a series of parliamentary victories, with supporters like Sam Evans, Lloyd George and the Flintshire lawyer Herbert Lewis all following in Ellis's and Randell's footsteps to the House of Commons.

Ellis continued his able and closely reasoned advocacy of separate land legislation for Wales and asserted the need for peasant ownership of the land. In a powerful speech given in the Commons in the summer of 1888 he stressed the economic hardship suffered in Wales, where rents had during the last thirty years risen over ten per cent more than in England. His speech was all the more persuasive since he could draw on his own experience and tell the House that his 'own home was a peasant home' and the opportunities that were available to him of moving among the Welsh tenants had brought home to him 'the anxiety and pain that overwhelm hundreds and thousands of honest and thrifty tenant farmers'. His belief in the existence of a robust rural community and its importance in a nation's life appeared in the preface Ellis wrote for a pamphlet on 'Village Banks'. For Ellis it was 'in the soil of the country areas, and the slopes of the hills, in the remote valleys that the best sources of a nation's life are to be found. It is there that the cradle of a worthwhile humanity exists. It is in those places that the solid foundation of body and morals are laid; it is there that the healing springs bubble which bring restoration to the casualties of the unmerciful struggle of the cities'. Although this radical appraoch to the land question was not to the taste of some leading Welsh Liberals like Rendel and Humphreys-Owen, it carried weight in the Commons. In the debate of June 1888, a resolution that Ellis moved for separate land legislation for Wales was only narrowly defeated by 146 votes to 128.

Most of Ellis's work in the Commons had been concerned with securing legislation to redress Welsh grievances and advance Welsh national claims. The Conservative administration then in power had little sympathy for such aspirations, and yet it was that Government

Llywodraeth Leol 1888 y bu cymaint o obeithion Tom Ellis yn gorffwys arni y medrai fod o fudd i Gymru. Lluniwyd y Ddeddf er mwyn cael gwared â'r ynadon enwebedig a dynnwyd o blith tirfeddianwyr a fu'n rheoli'r siroedd cyn hynny, ac i roi eu gweinyddiaeth yng ngofal cynghorwyr etholedig. Yr oedd i'r Ddeddf arwyddocâd deublyg i Tom Ellis: yn gyntaf golygai y gallai'r Cymry, a gafodd eu hyfforddi eisoes yn nulliau democratiaeth gan eu Hanghydffurfiaeth, drefnu materion eu hardaloedd eu hunain yn yr un modd. Taniwyd ef gan y fath bosibiliadau ac anerchodd gyfarfodydd ar y pwnc ledled y wlad. Ar gais Cynghrair Rhyddfrydol De Cymru ysgrifennodd daflen yn Gymraeg yn esbonio arwyddocâd y Ddeddf a'i chymalau gwahanol. Bu'n siom iddo na chynhwysai'r Ddeddf ddarpariaeth ar gyfer sefydlu cynghorau plwyf, ond yn ystod ei thaith drwy'r Tŷ llwyddodd i sicrhau derbyniad dau welliant a'i gwnaeth yn hawdd eu creu yn ddiweddarach. Credai'n gryf mewn meithrin ymwybod a theimlad o gyfrifoldeb ar lefelau mwyaf elfennol y bywyd politicaidd. Yn ddiweddarach, ac yntau'n aelod blaenllaw o'r Llywodraeth a sefydlodd gynghorau plwyf, dangosodd ei ymrwymiad trwy gymryd ei sedd ar ei gyngor plwyf ei hun yn Llanfor. Yr ail reswm paham y dangosodd gymaint o ddiddordeb yn y mesur oedd y posibilrwydd ynddo i Gymru, fel cenedl, gymryd mwy o gyfrifoldeb dros ei materion gweinyddol a gwleidyddol ei hun. Rhagwelai ddyfodiad cyngor cenedlaethol lle y byddai cynrychiolwyr y cynghorau ynghyd ag Aelodau Seneddol Cymreig yn eistedd fel un corff i ymdrin â materion Cymreig. Byddai'r cyngor hwn yn gynulliad embryonig, a phan ddeuai Llywodraeth Ryddfrydol â chydymdeimlad i rym gellid ei droi yn senedd Gymreig y credai ynddi.

Yn etholiadau sirol Ionawr 1889 cafodd y Rhyddfrydwyr fuddugoliaeth lethol yng Nghymru, yn ennill bron 400 o seddau allan o gyfanswm o 567. I bob golwg yr oedd hi'n awr yn bosibl rhoi ar waith 'rhaglen y bobl' y bu Tom Ellis yn pwyso amdani. Cynhwysai'r rhaglen honno addysg well, datblygu diwydiannau newydd, sefydlu ysgolion mwyngloddiaeth, llaethyddiaeth a choedwigaeth, a chodi tai gwell i'r gweithwyr yn agos at eu gwaith, a gellid ei rhoi ar waith y pryd hwnnw pe bai'r cynrychiolwyr, a oedd newydd eu hethol, yn fyw i'r cyfle ac yn barod i weithredu. Er i ddynion o ansawdd Herbert Lewis a Lloyd George ac eraill tebyg iddynt gael eu hethol (daeth Herbert Lewis yn

which passed the Local Government Act of 1888 on which Ellis placed such high hopes for Welsh advance. The Act was designed to replace the nominated justices, drawn from landowners who had formerly run the counties, and put their administration under elected councillors. The Act had a twofold significance for Ellis: it meant firstly that the Welsh people, already trained in democratic procedures by their Nonconformity, could in the same way run the affairs of their own localities. Ellis was fired by such prospects and addressed meetings on the topic throughout the country. At the request of the South Wales Liberal Federation he wrote a pamphlet in Welsh explaining the significance of the Act and its clauses. Much to Ellis's regret there was no provision in the Act for the creation of parish councils, but during the passage of the bill he succeeded in getting two amendments passed which facilitated their creation at a later date. Ellis believed strongly in cultivating awareness and responsibility at the most elementary levels of political life. Later, when he was a prominent member of the Government which brought in parish councils, he showed his commitment by taking his place on his own parish council of Llanfor. The second reason why Ellis regarded the bill with such interest was the potential in it for Wales as a nation to undertake more responsibility for its own administrative and political affairs. He envisaged the emergence of a national council in which representatives of the councils, together with the Welsh Members of Parliament, might sit as a body to deal with Welsh affairs. This would, in effect, have been an embryonic assembly which, when a sympathetic Liberal Government took over, could in due course have been transmuted into the Welsh parliament in which he believed.

In the county elections which took place in January 1889 the Liberals won an overwhelming victory in Wales, winning nearly 400 seats out of a total of 567. The implementation of the 'people's programme' which he had pressed for now seemed within reach. That programme, which included better education, the development of new industries, the establishment of schools of mining, dairy and forestry, and better housing for workmen near their work, could now be implemented if the newly elected representatives of the people were alive to the opportunities and prepared to act. Although men of the calibre of Herbert Lewis and Lloyd George, and others like them, were

Gadeirydd Cyngor Sir y Fflint a Lloyd George yn 'hogyn-henadur' yng Nghaernarfon), ni feddai llawer o'r aelodau newydd na'r weledigaeth na'r dymuniad i roi'r fath syniadau blaengar ar waith. Yr oedd gormod ohonynt yn pryderu mwy am y codiad bychan yn y trethi a fyddai'n angenrheidiol i dalu am y fath raglen. Er gwaethaf hyn cadwodd Tom Ellis ei ddelfrydiaeth, ac wrth edrych i'r dyfodol gallai ddweud wrth Herbert Lewis mai fesul bricsen mae adeiladu mur, a byddai'r dyfodol yn edrych yn ôl ar y mudiad Cymreig, a'i waith tawel a graddol, â balchder.

Yr oedd y rhan y gallai addysg ei chwarae yn creu'r Gymru newydd hon o'r pwysigrwydd mwyaf iddo. Yn ystod y flwyddyn ar ôl creu'r cynghorau sir pasiwyd Deddf Addysg Canolradd Cymru a ragflaenodd sefydlu rhwydwaith o ysgolion canol drwy'r wlad. Cynhyrchwyd llawlyfr gan Tom Ellis â chydweithrediad Ellis Griffith yn awgrymu canllawiau i'r awdurdodau lleol a oedd i fod yn gyfrifol am gynllunio a sefydlu'r ysgolion. Datgelodd y llawlyfr mai cymysgedd brin o wleidydd a gweledydd a gweinyddwr cywir oedd Tom Ellis wrth iddo gysylltu cyfarwyddiadau manwl â'r egwyddorion a oedd yn sail i'r cynllun. Yr oedd wedi teithio'n bell ar y Cyfandir a gadawyd dylanwad trwm arno gan gyfundrefn addysg gwlad fel y Swistir, lle y gorweddai'r rheolaeth yn nwylo'r bobl a châi democratiaeth ei meithrin. Ei ddymuniad oedd creu cysylltiad agos rhwng yr ysgolion a'r cymunedau lleol, a gwelai hwynt fel modd i fagu ymwybod cenedlaethol a fyddai'n uno'r bobl. Dylai'r ysgolion fod yn sefydliadau lle y ffurfiai'r iaith Gymraeg, ei diwylliant a'i llenyddiaeth, ran hanfodol o'r cwrs addysg. Ac ymhell o flaen ei amser hefyd, mynnai gynnwys pynciau technegol a chelfyddyd yng ngwaith yr ysgolion, tua 90 ohonynt, yr amcanwyd eu sefydlu.

IV
Her Cymru Fydd

Erbyn 1889 yr oedd y mudiad a gawsai ei sylfaenu ganddo i hyrwyddo buddiannau Cymru yn dechrau magu dylanwad. Yr oedd yr Arglwydd Spencer, Rhyddfrydwr Seisnig blaengar, wedi mynychu cyfarfodydd y Cyngor Cenedlaethol Cymreig mor gynnar â 1887 ac wedi gweld arwyddion o berygl ynddynt. Wrth sôn am y cyfarfodydd

elected (Lewis becoming Chairman of Flint and Lloyd George 'the boy alderman' in Caernarfon), many of the new members lacked the vision and desire to carry out such advanced ideas. Too many were more concerned with the small rate increase which would be necessary to fund such a programme. In spite of this Ellis retained his idealism and, looking to the future, could tell Herbert Lewis that 'it is brick by brick that a wall is built. The Welsh movement — quiet and gradual as it is will be looked back on with pride'.

Of prime importance to Ellis in the creation of this regenerated Wales was the part that education could play. In the year following the creation of county councils the Welsh Intermediate Education Act was passed which heralded the setting up of a network of secondary schools throughout the country. Ellis, with the co-operation of Ellis Griffith, produced a handbook suggesting guidelines for the local authorities who were to be responsible for planning and setting up the schools. Ellis's rare mixture of visionary statesman and meticulous administrator revealed itself in the manual, where detailed instructions were linked to the principles underlying the scheme. Ellis had travelled widely on the Continent and had been impressed by the educational system of a country like Switzerland, where popular control was exercised and democracy nurtured. Ellis wished to link the schools closely to their local communities, and saw them as the means to foster a unifying national consciousness in Wales. The schools should be places where the Welsh language, its culture and literature formed an essential part of the curriculum. Far ahead of his time, too, was the demand for technical subjects and art to be included in the ninety or so schools planned.

IV
The Challenge of Young Wales

By 1889 the movement which Ellis had founded for promoting Welsh interests was beginning to make its influence felt. As early as 1887, Lord Spencer, a leading English Liberal, attending meetings of the Welsh National Council, had seen the danger signals. Speaking of these meetings he said that Young Wales would 'constitute some

hyn dywedodd y deuai perygl o gyfeiriad Cymru Fydd oni fyddai'r Rhyddfrydwyr yn mabwysiadu datgysylltiad Cymreig yn rhan o'u rhaglen ar ôl Iwerddon. Er mwyn cryfhau dylanwad Cymru Fydd yng ngogledd Cymru, lle yr oedd Rhyddfrydiaeth draddodiadol yn gryfach nag yn y de, trefnodd Tom Ellis i rai o'i gefnogwyr yn y gogledd fynychu cyfarfodydd Cynghrair Rhyddfrydol De Cymru yn Abertawe, a oedd yn fwy milwriaethus. Gwnaeth apêl yn y cyfarfod unedig hwn yn Abertawe ym 1889 ar iddynt synied am genedligrwydd fel pŵer nerthol a'u codai i lefelau uwch ac a alwai allan egnïoedd gorau hunanaberth eu natur; paratodd hyn y tir ar gyfer cyfarfod blynyddol y Cyngor Cenedlaethol Cymreig. Yng Nghaernarfon, chwe mis ar ôl y cyfarfod yn Abertawe, ac â chefnogaeth dynion megis W.J. Parry, arweinydd y chwarelwyr, R.A. Griffiths a William Jones, fe geisiodd ddarbwyllo'r Cyngor i dderbyn ymreolaeth i Gymru. Hawlient fod Cynghrair Rhyddfrydol Gogledd Cymru wedi colli parch y wlad a mynnent sefydlu Cynghrair Cenedlaethol Cymreig, ac ymreolaeth yn un o'i brif amcanion. Er gwaethaf apeliadau siaradwyr megis Lloyd George, Herbert Lewis a William Jones (tri a ddeuai yn Aelodau Seneddol yn fuan wedyn), bu elfennau traddodiadol Rhyddfrydiaeth Gymreig yn fuddugoliaethus yn y gynhadledd. Yng Nghaernarfon, fel yn y Drenewydd y flwyddyn flaenorol, gwrthodwyd syniad Tom Ellis o ffurfio plaid Gymreig yn Nhŷ'r Cyffredin â'i theyrngarwch yn y lle cyntaf i Gymru. Yr oedd dylanwad Stuart Rendel yn rhy gryf, ac felly arhosodd datgysylltiad yn brif nod Rhyddfrydiaeth Gymreig yn hytrach na'r datganoli a ymgorfforwyd yn y cri am gynulliad Cymreig.

Er bod Rhyddfrydiaeth yng Nghymru'n rhanedig yn ei hymateb i'r apeliadau hyn, parhaodd Tom Ellis i ymladd dros yr un amcanion Cymreig, ond y tro hwn fe'i gwnaeth yn y Senedd. Rhoddwyd Ysgrifennydd Gwladol i'r Alban ym 1885 a phenderfynodd bwyso am driniaeth debyg i Gymru. Cynorthwywyd ef yn ei fwriadau gan Alfred Thomas, AS o Forgannwg, bron ugain mlynedd yn hŷn nag ef. Er nad oedd ganddo egni na gallu Tom Ellis, yr oedd yn gwbl deyrngar i Gymru a'i buddiannau ac edmygai Tom Ellis a chefnogai ei amcanion. Yr oedd y tair blynedd a dreuliasai Tom Ellis yn y Senedd, pryd y rhoes o'i hunan i'r eithaf ar ran buddiannau Cymru, wedi ei ddisbyddu'n gorfforol. Gwnaethai waith sawl dyn, yn gwasanaethu ar bwyllgorau yn y Tŷ, yn codi cwestiynau ac yn siarad ar lawr y Tŷ, yn annerch

danger if we do not adopt Welsh disestablishment as part of our programme after Ireland'. In order to advance the influence of Young Wales in north Wales, where the forces of traditional Liberalism held more sway than in the south, Ellis arranged for some of his supporters in north Wales to attend the meetings of the more militant South Wales Liberal Federation in Swansea. The appeal which Ellis made at this meeting in Swansea in 1889 to regard 'nationality as a potent power which raised them to higher levels and called forth the best energies of self-sacrifice in their nature' prepared the ground for the annual meeting of the Welsh National Council. At Caernarfon, six months after the Swansea meeting Ellis, backed by supporters like W. J. Parry, the quarrymen's leader, R. A. Griffiths, and William Jones, tried to persuade the Council to accept Welsh Home Rule. They claimed that the North Wales Federation had lost the respect of the country, and demanded the creation of a Welsh National League with Home Rule as one of its main objectives. In spite of the appeals of such speakers as Lloyd George, Herbert Lewis and William Jones (all three soon to become Members of Parliament), the traditional elements of Welsh Liberalism emerged victorious from the conference. At Caernarfon, as at Newtown the previous year, Ellis's idea of a Welsh party in the Commons, whose allegiance would be primarily to Wales, was rejected. Stuart Rendel's influence was too strong, so that disestablishment remained the dominant objective of Welsh Liberalism rather than the decentralization embodied in the demand for a Welsh assembly.

Although Liberalism in Wales was divided in its response to these appeals, Ellis's pursuance of Welsh objectives continued, this time in Parliament. Scotland had been granted a Secretary of State in 1885, and Ellis determined to press for similar treatment for Wales. In this project he obtained the help of Alfred Thomas, a Glamorgan MP nearly twenty years his senior. Although lacking Ellis's drive and ability he was whole-heartedly devoted to Wales and her interests and admired Ellis and supported his aims. Ellis's three years in Parliament, during which he had expended himself to the limit on behalf of Welsh interests, had taken their toll physically. His endeavours had encompassed the labours of several men, serving on committees in the House, raising questions and speaking on the floor, addressing

cyfarfodydd ledled Cymru a Lloegr, yn sylfaenu cylchgrawn misol ac yn ei redeg, ac yn ymdrin â gohebiaeth anferth. Cyn iddo gychwyn ar ei wyliau tramor gyda'i gyflogwr a'i gyd-Aelod Seneddol, John Brunner, gwyliau a haeddai ar ôl llafur caled, lluniodd ddrafft o fesur i sefydlu Swyddfa Gymreig ac Ysgrifennydd Gwladol yn ben arni. Gobeithiai ei gwblhau â chymorth Ellis Griffith a'i gyflwyno i'r Senedd yn gynnar ym 1890 ar ôl iddo ddychwelyd.

Aeth ar y daith tua diwedd 1889 yn chwilio am orffwys ac adferiad, ond bu bron iddi droi yn drychineb. Yn fuan ar ôl glanio yn yr Aifft dechreuodd ddangos arwyddion o afiechyd, ac ymhen ychydig ddyddiau, yn Luxor ar afon Neil uchaf, yr oedd yng nghrafangau twymyn ffyrnig. Bu fyw drwyddi ond cymerodd lawer mis o adferiad araf cyn iddo allu dychwelyd, ac ni lwyddodd byth eto i adennill ei hen sioncrwydd corfforol. Rhoes ei arhosiad gorfodol yn yr Aifft fin ar ei weledigaeth o Gymru ac, yng nghanol amgylchedd estron, gwelodd anghenion Cymru mewn goleuni cliriach ond mwynach. O ystafell y claf yng nghonswliaeth Luxor dechreuodd ymaflyd yn ei hen fywyd unwaith eto. Dechreuodd ysgrifennu llythyrau at ei gyfeillion: i David Randell a oedd newydd ei ethol yn AS dros Fro Gŵyr, i Ellis Griffith yn ei annog i helpu Alfred Thomas â'i fesur, ac i Owen Edwards yn datgan ei obeithion y byddai hwnnw'n fuan yn gorffen ei lyfr ar hanes Cymru i'w ddefnyddio yn yr ysgolion canol newydd. Mae'n ddealladwy i'w fyfyrion ar Gymru ddwysáu ar Ddydd Gŵyl Dewi. Mae ei ddyddiadur am 1 Mawrth 1890 yn datgelu adduned a wnaeth i weithio hyd ei eithaf yn ystod pa amser bynnag oedd yn weddill iddo er sicrhau undod i Gymru, y tu hwnt i hawliau plaid ac enwad, y gallai ei bywyd cenedlaethol ffynnu ynddo.

Erbyn hyn daethai Tom Ellis yn ffigur cenedlaethol, a dilynwyd ei hynt adref â diddordeb pryderus. Gwelwyd ef gan lawer fel ymgorfforiad o bopeth gorau ym mudiad cenedlaethol yr adfywiad newydd. Hyd yn oed ar adeg ei etholiad ym 1886 ymatebodd pobl ledled y wlad i'r ffydd lawnach yng ngorffennol Cymru a'i dyfodol a welodd ef yn datblygu ymysg Cymry meddylgar, twymgalon ac y bu ef ei hun yn ei datgan. Ond mewn rhai ffyrdd safai ar wahân i'r radicaliaeth Anghydffurfiol y tarddasai ohoni. Yr oedd ansawdd mwy cynhwysfawr i'w weledigaeth a fuasai'n bresennol yn gynharach ond a ddaethai'n amlycach o ganlyniad i'w alltudiaeth yn yr Aifft. Cyffrowyd llawer o bob carfan yng Nghymru gan ei bersonoliaeth, er mai ond

Trwy ganiatâd Mrs Nest Price
By permission of Mrs Nest Price

Priodas John Herbert Lewis a Ruth Caine, 8 Awst 1897, gyda T.E. Ellis yn sefyll yn y cefn
John Herbert Lewis and Ruth Caine at their wedding, 8 August 1897, with T.E. Ellis standing at the back

Trwy ganiatâd Llyfrgell Genedlaethol Cymru
By permission of the National Library of Wales

T.E. Ellis (ar y dde) gyda'i feddyg yn Luxor, yr Aifft, yng ngwanwyn 1890
T.E. Ellis (on the right) with his doctor at Luxor, Egypt, in the spring of 1890

meetings throughout Wales and England, founding and helping to run a monthly journal, and conducting a vast correspondence. Before taking a well-earned break abroad with his employer and fellow MP, John Brunner, Ellis drew out the draft of a bill to set up a Welsh Office which would be headed by a Secretary of State. This he hoped, would be finalized with the help of Ellis Griffith and presented to Parliament early in 1890, after his return.

The journey, undertaken towards the end of 1889 in pursuance of rest and recuperation, turned into near tragedy. Soon after landing in Egypt Ellis began to show symptoms of illness, and within a few days he was grappling with a virulent fever at Luxor on the upper Nile. He survived, but only after many months of slow recovery was he able to return, and he never again regained his former physical vitality. His enforced sojourn in Egypt sharpened his vision of Wales and, amid alien surroundings, he saw Wales's needs in a clearer and yet in some ways a more mellow light. From his sick-room in the Luxor consulate he began to take up the threads of his former life. He started writing letters to his friends; to David Randell, the recently elected MP for Gower, to Ellis Griffith urging him to help Alfred Thomas with his bill, and to Owen Edwards hoping he could soon complete his history of Wales for use in the new secondary schools. Understandably his preoccupation with Wales became even more intense during St David's Day. His diary for 1 March 1890 reveals a vow which he made that, in whatever time was left to him, he would work to the uttermost to achieve for Wales a unity, above the demand of party or sect, in which her national life could flourish.

By this time Ellis had become a national figure and his progress homewards was followed with anxious interest. He was regarded by many as the embodiment of all that was best in the national movement of resurgence. Even at the time of his election in 1886 people throughout the country had responded to 'the fuller faith in the past and future of Wales' which he saw 'developing among thoughtful and warm-hearted Welshmen', and which he proclaimed himself. Yet in some ways he stood apart from the Nonconformist radicalism out of which he had emerged. There was a more comprehensive quality in his vision which had been present earlier but had become more evident as a result of his Egyptian exile. Many people of all persuasions in Wales were stirred by his personality, even though his political ideals were

dealltwriaeth egwan o'i ddelfrydau gwleidyddol fu ganddynt; ac i eraill yng Nghymru yr oedd ei weledigaeth yn rhith na ellid ei chymhwyso i'w myfyrdodau mwy bydol hwy. Ym Mai 1890 dychwelodd i Gymru ar ôl bod i ffwrdd bron chwe mis. Yn fuan wedyn dychwelodd i Dŷ'r Cyffredin, yn feinach ddyn ac yn dwyn olion corfforol o'i ddioddefaint.

Yn ddiweddarach ym 1890 yn y Bala cynhaliwyd cyfarfod lle y bu'r bobl yn cydnabod eu parch tuag ato a'u diolch am ei wasanaeth i Gymru. Yno ym mis Medi cyflwynodd ei gyfeillion danysgrifiad cenedlaethol o fwy na £1000 iddo. Yn ei araith o ddiolch, a gynhwysai arolwg o lawer agwedd ar fywyd Cymru, amlinellodd y cynnydd gwleidyddol a fu er 1886. Addefodd, er nad oedd yr ysbryd cenedlaethol wedi meddiannu'r blaid Gymreig yn y Senedd, fod rhywfaint o dir wedi'i ennill yno. Rhoes ddadansoddiad manwl o sefyllfa economaidd a chymdeithasol Cymru gan bwysleisio'r angen am gyfundrefn reilffyrdd unedig, sefydlu diwydiannau gwledig, datblygu'r diwydiannau pysgota a choedwigaeth, a'r angen dybryd am well amodau ffermio. O ran ei diwylliant yr oedd ar Gymru angen prifysgol genedlaethol, amgueddfa a llyfrgell genedlaethol. A'r peth mwyaf arwyddocaol yng ngolwg rhai yn ddiweddarach, a'r hyn, yn ei dyb ef, a oedd yn allweddol i bob datblygiad arall, yr oedd yn hawlio cynulliad i Gymru. Gwŷr a gwragedd Cymru fyddai'n ethol y cynulliad (mae'n achub y blaen ar y mudiad Swffraget o nifer o flynyddoedd) ac iddynt hwy y byddai'n atebol. Nid mynnu ymwahanu oedd hyn ond bwrw ymlaen yn ddemocrataidd a phobl Cymru yn ymgymryd â'r cyfrifoldeb dros faterion o fewn Cymru. Byddai'n symbol o undod y Cymry ac yn ffactor a fyddai'n cryfhau'r undod hwnnw — byddai'n fodd i'r Cymry ennill cyfiawnder cymdeithasol iddynt eu hunain o fewn eu ffiniau. Tua diwedd ei araith addefodd na chytunai pob Cymro â'i amcanion ef, ond pwysleisiodd fod digon o waith adeiladol yn aros i'w wneud lle y gallai Cymry, beth bynnag eu daliadau, gydweithio er hyrwyddo cynnydd eu cenedl.

Yn fuan ar ôl cyfarfod y Bala, gan ddilyn cyngor meddygol ac yn y gobaith o lwyr adfer ei iechyd, hwyliodd i Dde Affrica. Gwnaeth y fordaith hir yn teithio i'r de ac i mewn i'r haul les iddo, a dechreuodd adennill rhywfaint o'i hen fywiogrwydd. Ni thwyllai ei hun ynghylch ei iechyd fodd bynnag, ac mewn llythyr at gyfaill ymddiriedodd y gallai angau ei oddiweddyd unrhyw bryd. Yr oedd cyrraedd Cape Town

only dimly understood by them; and for others in Wales the vision he held out was a mirage which would not fit in to their more mundane preoccupations. Ellis returned to Wales in May 1890, after nearly six months' absence. He returned to the Commons soon afterwards, more emaciated and bearing the physical traces of his ordeal.

The regard in which he was held and gratitude for his service to Wales were recognized at a meeting held in Bala later in 1890. There in September his friends presented to him a national subscription of over £1000. His speech of thanks, in which he surveyed many aspects of Welsh life, outlined the political advance which had taken place in Wales since 1886. He conceded that, although the national spirit had 'not yet suffused the Welsh party in Parliament', something had been achieved in that direction. In a detailed analysis of Wales's economic and social situation Ellis outlined the need for a unified railway system, the establishment of rural industries, developments in fisheries, and afforestation; and the urgent need for improved agrarian conditions. From the cultural standpoint Wales needed a national university, a museum, and a national library. In what later came to be regarded as his most significant claim, and one which Ellis himself regarded as the key to all Welsh advance, he demanded a Welsh assembly. This was to be elected by the men and women of Wales (this anticipating by some years the suffragette movement) and to be responsible to them. This plea was not a demand for separation but a democratic advance in which the people of Wales would take on responsibility for affairs within Wales. It would be both the symbol of Welsh unity and a factor cementing that unity, and Wales's instrument for achieving social justice within her borders. Towards the end of his speech Ellis conceded that this objective was not shared by all Welshmen, but stressed that there was enough constructive work to be done in which Welshmen of differing persuasions could co-operate to further their nation's progress.

Soon after the Bala meeting Ellis, acting on medical advice and hoping to restore himself to full health, set sail for South Africa. The long sea journey travelling south into the sun did him good and he began to recapture something of his former vitality. He had no illusions about his health, however, and in a letter to a friend confided that he might drop out of the race at any time. His arrival at Cape Town

wedi codi'r gobeithion y bu'n eu rhannu â'i gydwladwyr yn y Bala. Yr oedd y dref, a hithau'n clwydo dan Table Mountain, yn ei atgoffa o Innsbruck, prifddinas y Tyrol. Mewn llythyr adref soniodd am ei obeithion y byddai pobl Cymru ryw ddydd, fel y gwnaethai ef yn Innsbruck, ac fel y gwnâi yn awr o adeilad Senedd y Cape, yn gallu edrych ar fynyddoedd eu gwlad o dyrau Senedd cenedl y Cymry. Hyd yn oed wrth ymuno â'r gymdeithas epiliog, amlhiliol hon, am Gymru a'i obeithion am ei dyfodol hi y meddyliai.

Yr oedd disgwyl mawr amdano a chafodd groeso brwd gan rai o arweinwyr y gymdeithas Gymreig yn y ddinas. Hefyd yr oedd llawer o Gymry'n byw ar wasgar ar draws De Affrica, a thrwy'r lletygarwch a estynnwyd iddo cafodd gyfle i deithio ar led yn Cape Colony, Natal a thu hwnt. Megis ar ei deithiau cynharach trwy Ewrop bu'n blasu'n frwd brofiadau cymdeithas ac iddi broblemau iaith a hil. Swynwyd ef yn arbennig gan ddwy nodwedd, sef absenoldeb militariaeth ac absenoldeb canoli llywodraethol mawr a dosbarth breiniol. Cafodd yr un symbyliad gan y Cymry alltud hyn ag y cawsai wrth ymgyfathrachu â Chymry Llundain. Yr oeddent yn awyddus i glywed am adfywiad gwleidyddol a llenyddol Cymru ac yr oedd ef yn ddigon hapus i foddio'u chwilfrydedd a'u diddordeb. Mewn araith i Gymdeithas y Cymry yn Kimberley ar 1 Mawrth 1891 siaradodd am yr undod y byddai'n rhaid wrtho ymysg y Cymry petai'r wlad i gymryd camau sylweddol ymlaen. Fel pe bai'n rhagweld yr ymrafael a fyddai'n ymaflyd yn y mudiad cenedlaethol, pwysleisiodd fod gan bob rhan o Gymru rywbeth i'w gyfrannu i'r adfywiad cenedlaethol. Dywedodd fod ym Meirion, Arfon a Cheredigion sadrwydd, duwioldeb, lletygarwch, a chyfeillgarwch rhwng cymdogion; o'r chwarelwyr, y glowyr a'r gweithwyr dur deuai'r ysbryd democrataidd a'r ynni; ac o dai masnach Abertawe, Caerdydd a Chasnewydd deuai'r weledigaeth, y fenter a'r gallu i drefnu. Daliai mai dyma rai o'r priodoleddau angenrheidiol i sefydlu'r Gymru a fyddai, ryw ddydd, yn anfon ei chynrychiolwyr i ymuno â chynrychiolwyr o Iwerddon a De Affrica mewn senedd imperialaidd.

Daeth yr awydd hwn am undod ymysg y Cymry ac am ehangu'r mudiad cenedlaethol yn gynyddol bwysig iddo. Yr oedd wedi sôn am

nourished the hopes which he had shared with his countrymen at Bala. Cape Town, nestling under Table Mountain, reminded him of Innsbruck, the capital of the Tyrol. In a letter home he spoke of his hope that one day, just as he had done at Innsbruck and was able to do now from the Cape Parliament building, so the people of Wales would be able to look at their native mountains from 'the towers of the Parliament of the Welsh nation'. Even as he entered this teeming multiracial society his thoughts were of Wales and the hopes he held for her future.

Ellis's arrival was expected and he was eagerly greeted by some of the leaders of the Welsh community in the city. There were, in addition, many Welsh people scattered throughout South Africa, and the hospitality they extended to him enabled Ellis to travel extensively in Cape Colony, Natal, and beyond. As in earlier journeys in Europe he absorbed eagerly the experiences offered by a society in which there were problems of language and race. Two features which particularly attracted him were the freedom from militarism which existed, along with the absence of strong centralization and a privileged class. He received the same stimulus from the Welsh exiles here that his contact with the London Welsh had produced. They were eager to learn about the political and literary revival that was taking place in Wales, and Ellis was happy to indulge their curiosity and interest. In a speech to the Cambrian Society at Kimberly on 1 March 1891, Ellis spoke about the unity that would be necessary among Welshmen if their country was to make any significant advance. As if with a premonition of the strife that was to overcome the national movement, he emphasized that each part of Wales had something to contribute to the national resurgence. There was, he said 'the steadiness, godliness, hospitality and good neighbourliness from Meirion, Arfon, Ceredigion and Carmarthenshire. From the quarrymen and miners and steelworkers comes the democratic spirit and energy. From the commercial houses of Swansea, Cardiff and Newport the vision and adventure and the power to organize'. These were, he claimed, some of the qualities that were needed to establish the Wales that one day would send her representatives to join Irish and South African ones in an Imperial parliament.

This desire for unity among Welshmen and the wish to broaden the national movement became increasingly important in his outlook. He

hyn mewn llythyr at ei chwaer, gartref yng Nghynlas. Ynddo dywedodd wrthi pa mor aml yr oedd ef a T.F. Roberts wedi sgyrsio â'i gilydd yng Nghaerdydd yn dymuno bod y mudiad cenedlaethol yn fwy na deffroad politicaidd yn unig. Yn ei farn ef yr oedd Owen Edwards a'r Dafydd ap Gwilym yn anadlu bywyd newydd i mewn i lenyddiaeth Gymraeg, a pheth da oedd gweld dyheadau a gobeithion uchaf gwleidyddion Cymreig ifainc a llenorion yn cydredeg. Mewn cyfarfod croeso iddo ym Mangor, yn fuan ar ôl iddo ddychwelyd o Dde Affrica, lle y bu ef a Lloyd George yn areithio, teimlodd yn rhwym o roi gair o rybudd i'w gydwladwyr. Dywedodd wrthynt fod y gorbwyslais ar ddatgysylltiad nid yn unig yn rhannu'r genedl ond hefyd yn cymylu'r prif fater y dylai'r Cymry o bob plaid fod yn canolbwyntio arno. Aeth ymlaen a dweud bod y ffaith i Gymru ddechrau chwifio baner ymreolaeth yn rhoi diddordeb newydd, mwy o rymuster a phwrpas mwy urddasol i wleidyddiaeth Cymru. Hawliodd fod yr ysbryd newydd hwn wedi cyffroi dychymyg y Cymry y cyfarfu â hwy dramor a'u harwain i gredu bod Cymru, yn fwy nag mewn unrhyw gyfnod blaenorol, wedi llwyddo i hyrwyddo ei hawliau cenedlaethol yn well na'r un o'r tair cenedl arall.

Ym mis Mai 1890 dychwelodd i Gymru lle yr oedd yr ymgyrchoedd y rhoesai ef yr hwb dechreuol iddynt yn dechrau magu nerth. Yr oedd dau ddatblygiad — un yn gysylltiedig â'r cynghorau sir newydd-eu-ffurfio a'r llall â'r Senedd — yn ymwneud ag ennill mwy o bŵer i Gymru fel y gallai drefnu ei busnes ei hun ac ennill mwy o gydnabyddiaeth i'w statws cenedlaethol. Chwaraeodd Herbert Lewis a Lloyd George ran bwysig yng nghyd-gyfarfodydd yr awdurdodau lleol a ddaeth i ben mewn cyfarfod cynrychiadol mawr yn Amwythig ar ddiwedd 1891. Canlyniad y cyfarfod oedd sefydlu cyngor cynrychioladol cenedlaethol, ond gwrthodwyd yr hawliad, a wnaed gyntaf gan Tom Ellis, y gallai'r fath gyngor gymryd drosodd rai o swyddogaethau a phŵerau'r Llywodraeth. Yr oedd yn amlwg fod mwyafrif y cynrychiolwyr yn dymuno cadw allan o'r fath gorff yr hyn a deimlent oedd yn wleidyddiaeth. Hyd yn oed ymysg y rhai a ffafriai ymreolaeth i Gymru fel nod dymunol yn y pen draw, ceid amheuon a oedd gan gynrychiolwyr awdurdodau lleol y cymwysterau i ysgwyddo'r fath gyfrifoldebau cenedlaethol.

had expressed this sentiment in a letter to his sister at home in Cynlas. In it he told her 'how many times T. F. Roberts and myself have chatted in Cardiff and wished that the national movement would be not only a political awakening. Owen Edwards and the Dafydd ap Gwilym are breathing new life into Welsh literature and it is a good thing that the aspirations and highest hopes of young Welsh politicians and literary men are running in the same channels'. In a meeting of welcome to him at Bangor soon after his return from South Africa, where he and Lloyd George both spoke, Ellis felt obliged to issue a word of warning to his countrymen. He told them that the preoccupation with disestablishment was not only dividing the nation but clouding the main issue on which Welshmen of all parties should be concentrating. Ellis went on to tell his audience that the fact that 'Wales has hoisted the flag of national self-government had given a new interest, a larger potency and a nobler purpose to Welsh politics'. It was, he claimed, this new spirit which had caught the imagination of the Welshmen he had met abroad and made them feel that 'during this Parliament Wales has made greater progress in advancing her national claims than during any preceding time, and than any of the other three nationalities'.

The Wales to which Ellis returned in May 1890 was a land where initiatives begun by him were beginning to take shape. Two such developments, one concerned with the recently formed county councils, and the other at the parliamentary level, were concerned to obtain more recognition for Wales's national status and more power to run her own affairs. In the joint local authority meetings, which culminated in a large representative gathering at Shrewsbury at the end of 1891, Herbert Lewis and Lloyd George played an important part. The result was that a national representative council was set up, although their demand, originally voiced by Ellis, that such a Council might take over the functions and powers of certain Government departments was rejected. It was evident that the majority of the delegates wished to keep out what they regarded as politics from such a body. Even among those who favoured Home Rule for Wales as an ultimately desirable goal there were doubts as to whether local authority representatives were qualified for such national responsibilities.

Bu Tom Ellis yn ymhel yn fwy uniongyrchol â'r ymgais i gael Ysgrifennydd Gwladol i Gymru a ymgorfforwyd yn y Mesur Sefydliadau Cenedlaethol. Cynigiad Tom Ellis oedd hwn, ond yn ystod ei salwch yn yr Aifft aeth Alfred Thomas yn gyfrifol amdano. Ar ôl dychwelyd o'r Aifft ymgynghorodd Alfred Thomas ag ef ac o ganlyniad fe'i gwnaed yn fesur mwy ymarferol ac effeithiol. Yn ychwanegol at hawlio Ysgrifennydd Gwladol byddai'r mesur wedi creu Adran Addysg Gymreig, sef rhywbeth y bu Tom Ellis yn ei hawlio ers ei ddyddiau cynnar yn y Senedd. Hyd yn oed mwy pell-gyrhaeddol oedd y cynnig i sefydlu Cyngor Cenedlaethol Cymreig o gynrychiolwyr awdurdodau lleol ac Aelodau Seneddol Cymreig a chanddo swyddogaethau deddfwriaethol mewn materion Cymreig. Cyfarfu dwy gynhadledd fawr ym 1891 i drafod y cynigion ond ychydig o gefnogaeth a gawsant gan fwyafrif yr Aelodau Seneddol Cymreig. Ni allai brwdfrydedd dynion fel Herbert Lewis ac Alfred Thomas dros y mesur guddio'r diffyg undod ymysg arweinwyr Rhyddfrydol Cymreig a'r elyniaeth i'r fath gynigion ymysg gwleidyddion dylanwadol Cymreig. Credent hwy y dylid canolbwyntio prif ymgyrch Rhyddfrydiaeth Gymreig ar ddatgysylltiad ac nid ar gael mwy o ymreolaeth weinyddol a gwleidyddol. Ateb Tom Ellis i'r safbwynt hwn oedd bod dadl rhai gwleidyddion ofnus ac ansicr — sef mai gohirio datgysylltiad oedd canlyniad gweithio'n egnïol dros fudiad neu fesur seneddol a sicrhâi sefydliadau a fyddai'n galluogi'r Cymry i'w rheoli eu hunain — wedi cael ei dymchwelyd yn drwyadl. Fodd bynnag, rhwng ymraniadau rhai o'i gefnogwyr a gelyniaeth ymosodol gwleidyddion Cymreig eraill diflannodd y mesur allan o hanes y Senedd. Yr oedd Tom Ellis bob amser yn barod i gymryd golwg tymor-hir ac ni ddigalonnodd, gan ddweud wrth Herbert Lewis mewn nodyn i'w gysuro y byddai'r bobl yn dod yn raddol i werthfawrogi'r mesur fwyfwy.

Daeth tystiolaeth fod cefnogaeth i'r cenedlaetholdeb miniocach y gosodai Tom Ellis ei obeithion arno ar gynnydd mewn lle mor annhebyg â'r Barri. Yr oedd Llewelyn Williams, newyddiadurwr ifanc o gefndir tebyg i eiddo Tom Ellis, wedi symud yno ym 1891. Ganed ef yn fab fferm yn sir Gaerfyrddin, ac fel Tom Ellis graddiodd mewn hanes yn Rhydychen. Yno dan ddylanwad rhai o gyfeillion Tom Ellis yn y Dafydd ap Gwilym y dechreuodd ddod dan gyfaredd llenyddiaeth a hanes Cymru. Yn fuan ar ôl graddio daeth yn olygydd papur newydd

Ellis was more directly involved in the attempt to obtain a Secretary of State for Wales which was embodied in the National Institutions Bill. The proposal, originating from Ellis, had been taken over by Alfred Thomas during Ellis's illness in Egypt. After Ellis's return he was consulted by Thomas and, as a result, the bill became a more practical and effective measure. In addition to the demand for a Secretary of State the bill would have created a Welsh Education Department, something that Ellis had demanded from his early days in Parliament. Even more far-reaching was the proposal for a Welsh National Council, composed of local authority representatives and the Welsh Members of Parliament, with legislative functions in Welsh matters. Two large conferences met in 1891 to discuss the proposals, but each conference met with little support from the majority of Welsh Members of Parliament. The enthusiasm of men like Herbert Lewis and Alfred Thomas for the bill could not conceal the lack of unity among Welsh Liberal leaders on the issue and the hostility to such proposals among influential Welsh politicians. For them the prime thrust of Welsh Liberalism should be concentrated on disestablishment and not obtaining more administrative and political autonomy for Wales. Ellis answered such attitudes by saying that 'the arguments advanced by timid and halting politicians that the energetic promotion of a movement or a bill for securing for the Welsh people institutions to manage their own affairs retards disestablishment has been effectively exploded'. Nevertheless, amid the disunity of some of its supporters and the active hostility of other Welsh politicians, the bill disappeared from parliamentary history. Ellis, always ready to take the long-term view, did not despair and could tell Herbert Lewis in a consolatory note that 'gradually the bill will be more and more appreciated'.

Evidence that support for the more assertive nationalism on which Ellis placed his hopes was growing came from the unlikely area of Barry. It was here that Llewelyn Williams, a young journalist of similar background to Ellis himself, moved in 1891. He was born into a Carmarthenshire farming family and, like Ellis, was an Oxford history graduate. It was at Oxford, under the influence of some of Ellis's friends in the Dafydd ap Gwilym, that he began to feel the spell of Welsh literature and history. Soon after graduating he became editor of

yn y Barri. Yr oedd ganddo allu llenyddol a hefyd ddiddordeb mewn gwleidyddiaeth, a chyn hir yr oedd wedi sylfaenu Cymdeithas Cymru Fydd yno. Defnyddiwyd ei bapur newydd a'r Gymdeithas i ledaenu'r math o genedlaetholdeb y credai ynddo. Pwysleisiai'r Gymdeithas, a sefydlodd ym 1892, bwysigrwydd yr iaith Gymraeg ac ymreolaeth. Bu llawer o gefnogwyr Cymru Fydd a rhai â chydymdeimlad tuag at y Gymdeithas megis Lloyd George a John Morris-Jones, y bardd a'r ysgolhaig, yn defnyddio'i bapur, y *South Wales Star*, fel llwyfan i'w daliadau. Byddai Llewelyn Williams ei hun yn annerch cyfarfodydd ar hyd de Cymru er mwyn ysgogi ymateb Cymreig mwy pendant ymysg ei gynulleidfaoedd. Yn fuan wedi i Tom Ellis ddychwelyd o Dde Affrica cynhwysodd y papur adroddiad o gyfweliad ag ef pryd y gofynnwyd iddo beth a gredai y byddai dyfodol y mudiad Cymreig. Yn ei ateb lleisiodd y gobaith y gallai chwistrellu ychydig mwy o genedlaetholdeb barddonol y gogledd i mewn i ddemocratiaeth rymus de Cymru, a chydnabu bwysigrwydd gwaith dynion fel Llewelyn Williams, os oedd hyn i'w gyflawni.

Er i Llewelyn Williams barhau i wthio hawliau cenedlaethol Cymru, yr oedd anawsterau'r gwaith yn dod yn fwyfwy amlwg. Yn fuan, gorfu iddo gydnabod, er bod ymreolaeth yn sicr yn ddymuniad gan y Rhyddfrydwyr Cymreig, mai dymuniad annelwig a hanner-ymwybodol ydoedd. Cyfarfuasai Tom Ellis â'r un broblem pan fu'n cwyno bod buddiannau cenedlaethol Cymreig yn rhy aml wedi eu diystyru neu eu darostwng i hawliau plaid neu enwad. Nid oedd gwaith arloeswyr fel Tom Ellis a Llewelyn Williams yn hawdd mewn gwlad lle yr oedd pŵerau mawrion wedi erydu'r hunaniaeth a'r ymwybyddiaeth genedlaethol. Yr oedd Tom Ellis â'i ymwybod hanesyddol eang ef yn deall hyn, a rhoddai ddisgrifiad llachar o'r ffaith pan siaradai am sut y gorfu i Gymru am genedlaethau di-rif frwydro yn erbyn adfyd, byw trwy gyfnodau dan iau gorchfygwyr, ac ymladd yn erbyn adnoddau llywodraethau gelyniaethus. Yna, ar ôl cael ei hamddifadu o holl offerynnau ac arwyddion grym, gorfu iddi fyw trwy esgeulustod cynllunedig, ac, efallai'r ffurf fwyaf angheuol ar orthrwm, absenoldeb asiantau addysgol a sefydliadau eraill sy'n hyrwyddo menter a bywyd cenedlaethol. Er iddo weld anghenion Cymru mor glir ac er ei holl ddoniau carismataidd, nid oedd yn barod i wthio ei weledigaeth ef i lawr gyddfau pobl a'u caniatáu i'w dilyn fel deillion. Dywedodd un tiwtor craff yn Rhydychen amdano ei fod fel rhywun a gadwai'n agos at

a newspaper based at Barry. As well as possessing literary flair, Williams was interested in politics and soon founded a Young Wales Society there. Both his newspaper and the society were used to spread the type of nationalism in which he believed. The Young Wales Society which he set up in 1892 stressed the importance of the Welsh language and was committed to Home Rule. Many supporters and sympathizers of Young Wales like Lloyd George and John Morris-Jones, the poet and scholar, used Williams's *South Wales Star* as a vehicle for their ideas. Williams himself addressed meetings throughout south Wales in order to stir a more positive Welsh response among his audiences. Soon after Ellis returned from South Africa the newspaper reported an interview with him in which he was asked to give his estimate of the future of the Welsh movement. Ellis's reply expressed the hope that they 'could infuse into the robust democracy of South Wales a little more of the poetic nationalism of the North', and he acknowledged the importance of the work of men like Williams in achieving this.

Although Williams continued to press Wales's national claims, the difficulties of the task were becoming more evident. He was soon forced to acknowledge that 'although the desire for Home Rule was undoubted among Welsh Liberals it was only a vague and semi-conscious desire'. Ellis had met the same problem when he had complained that Welsh national interests were too often disregarded or subordinated to the demands of party or sect. The task of pioneers like Ellis and Llewelyn Williams was not easy in a country where strong forces had eroded the sense of national identity and consciousness. Ellis with his wide historical awareness understood this and expressed the fact vividly when he talked of a Wales 'which for countless generations had had to contend with adversities, to live through the tides of conquest and to do battle against the resources of hostile statecraft and which, having been stripped of every instrument and emblem of power, had had to survive studied neglect and perhaps the deadliest form of oppression, the absence of educational and other agencies of national initiative and life'. Although he saw Wales's needs so clearly and was endowed with charismatic qualities he was not prepared to force his vision on people and let them follow blindly in his wake. As one of his discerning Oxford tutors said of him, 'he seemed like one who was near the people, and intended to rise only so far as he

y bobl ac a wrthodai fynd yn bellach nag y gallent hwy ddilyn. Trwy addysgu a darbwyllo gofalus y gweithiai. Mae ei areithiau trwy gydol ei yrfa, lle y pwysleisiodd yn amyneddgar dro ar ôl tro y cyfleoedd a'r posibiliadau a ddatblygai ym myd addysg a llywodraeth leol, yn dystiolaeth i'w gred yn urddas yr unigolyn a'i ffydd mewn etholwyr goleuedig yn byw mewn gwir ddemocratiaeth.

V
Yn Llywodraeth Gladstone

Oherwydd yr ymraniadau a oedd mor amlwg yn Rhyddfrydiaeth Cymru a'r diffyg cydlyniad yn y Blaid Seneddol Gymreig, daeth i weld yn glir mai amhosibl oedd cyflawni ei obeithion ar gyfer Cymru dros nos. Er gwaethaf ei ymrwymiad i faterion Cymru, arweiniodd ei yrfa seneddol ef i gwmpas ehangach. Erbyn misoedd cynnar 1892 yr oedd ei ymrwymiad a'i allu wedi ei glustnodi i fod yn un, ymysg nifer o Aelodau Seneddol ifainc, y cynigid swyddi iddynt yn y Llywodraeth. Byddai cwmni o gyn-fyfyrwyr Rhydychen, ac ef yn eu plith, yn cwrdd yn rheolaidd i drafod blaenoriaethau a rhaglen waith y Llywodraeth Ryddfrydol nesaf. Yr arweinydd a'r symbylydd oedd Arthur Acland a ddaethai'n gyfaill i Tom Ellis flynyddoedd cyn hynny, a chynhwysai'r grŵp ddynion o ansawdd Herbert Asquith ac Edward Grey a arfaethwyd i lanw'r swydd wleidyddol uchaf yn ddiweddarach. Bu Arthur Acland ar un adeg yn diwtor yn Rhydychen ac o 1885 ymlaen bu'n AS dros Rotherham. Am rai blynyddoedd bu ganddo dŷ yng Nghymru ac yr oedd ganddo gydymdeimlad â hawliau radicalaidd y Cymry. Cydweithiai â Tom Ellis yn frwd yn rhai o'i gynlluniau ar gyfer Cymru, yn enwedig ei gynlluniau addysgol. Hefyd, fel Tom Ellis, yr oedd ganddo gonsarn dros y difreintiedig mewn cymdeithas, ac yr oedd wedi cyfathrachu â'r mudiad cydweithredol a Sosialwyr cynnar megis Thomas Mann. Erbyn gwanwyn 1892 yr oedd y Llywodraeth Geidwadol ar fin syrthio, a chytunodd Arthur Acland y pryd hwn na wasanaethai mewn llywodraeth Ryddfrydol ond ar yr amod bod Tom Ellis hefyd yn aelod ohoni. Hefyd yr oedd John Morley, a oedd yn agos iawn at Gladstone, yn awyddus i'w gael yn aelod o'r Llywodraeth. O ganlyniad, wynebai Tom Ellis gyfyng-gyngor, un o'r mwyaf yn ei fywyd — a allai wasanaethu Cymru'n well trwy ymuno â'r Llywodraeth Ryddfrydol neu drwy aros y tu allan yn AS cyffredin. Ymgynghorodd

could take them with him'. Ellis was committed to the way of education and painstaking persuasion. His speeches throughout his career, where he repeatedly and patiently stressed the opportunities and potential that were becoming available in education and local government, testify to his belief in the dignity of the individual and an enlightened electorate in a true democracy.

V
In Gladstone's Government

The disunity so marked in Welsh Liberalism and the obvious lack of cohesion in the Welsh Parliamentary Party made it clear to Ellis that his hopes for Wales would not be achieved overnight. Engrossed though he was in Welsh affairs, his parliamentary career had led him into a wider ambience. By the early months of 1892 his commitment and ability had marked him out as one of several young Members of Parliament possessing ministerial potential. Ellis was one of a group of former Oxford students who met regularly to discuss the priorities and course of action of any future Liberal government. The group's guiding spirit was Arthur Acland, who had become friendly with Ellis in earlier years, and included men of the calibre of Herbert Asquith and Edward Grey, later destined to occupy the highest political office. Acland, a former Oxford tutor and, from 1885, MP, for Rotherham, had for some years possessed a Welsh residence and was sympathetic to Welsh radical demands. He had co-operated enthusiastically in some of Ellis's plans for Wales, particularly in education. He also shared Ellis's concern for the underprivileged in society and had established links with the co-operative movement and early Socialists like Thomas Mann. By the spring of 1892 the Conservative Government was nearing its fall, and Acland at this time agreed to serve in a future Liberal government only on condition that Ellis, too, would be a member. John Morley, who had the ear of Gladstone, was also keen to have Ellis in. Consequently Ellis was confronted with one of the greatest dilemmas of his life: whether he could serve Wales better by joining the Liberal Government or by remaining outside as an ordinary Member of Parliament. He consulted his Welsh friends on the matter,

â'i gyfeillion Cymreig, a Herbert Lewis a Lloyd George yn eu plith. Gofidiai Herbert Lewis fwy am yr effaith ar ei iechyd nag am ddim arall, tra bod Lloyd George wedi ei annog i dderbyn swydd. Mewn llythyr o longyfarchiadau dywedodd Lloyd George nad oedd swydd y tu allan i'r Cabinet a fyddai'n rhoi iddo well gyfle i hyrwyddo achosion Cymreig na'r swydd a lanwai; ac o ran defnyddio'r cyfle hyd eithaf ei allu, nid oedd neb a'i hadnabu yn amau na wnâi. Ar ôl llawer o chwilio enaid penderfynodd dderbyn swydd pan ffurfiodd Gladstone ei Lywodraeth ym 1892, gan deimlo y byddai ei ddylanwad yn fwy tu fewn i weinyddiaeth Ryddfrydol a oedd â chydymdeimlad â hawliau Cymru nag fel aelod o Blaid Seneddol Gymreig a rwygwyd gan eiddigeddau a rhaniadau mewnol, a lle na dderbyniwyd ei arweinyddiaeth a'i ddelfrydau ef gan bawb o bell ffordd.

Er i un neu ddau godi llais yn ei erbyn, megis Arthur Price a welodd y weithred yn frad ar Gymru, bu'r rhan fwyaf yn llawenhau bod Cymru a'i hawliau wedi cael eu cydnabod a'i hymlyniad i Ryddfrydiaeth Gladstone wedi ei wobrwyo. Derbyniwyd y datganiad am ei benodiad yn Awst 1892 â boddhad gan y wasg Gymreig. Croesawyd y newyddion yn frwd gan bapur Thomas Gee, *Baner ac Amserau Cymru*, tra gwelai *South Wales Daily News* Caerdydd y penodiad fel teyrnged i Gymru a grŵp Cymru Fydd, ac yn gydnabyddiaeth o allu eithriadol, ac ernes y câi materion Cymru ymdriniaeth haeddiannol. Dywedodd gohebydd Llundain y papur hwnnw fod ganddo awdurdod i ddatgan y byddai Tom Ellis yn ei gweld hi'n unol â'i ddyletswydd i Blaid Ryddfrydol Cymru a chenedl y Cymry i gymryd y swydd. Mewn ffaith yr oedd wedi gwrthod swydd is-ysgrifennydd ac yn ei lle cymerodd swydd is-chwip. Arweiniwyd ef i wneud y dewis hwn wrth iddo sylweddoli y byddai'r fath swydd, er ei bod yn fwy anodd, yn ei alluogi i weithio'n fwy effeithiol dros Gymru. Cyn ei chymryd, fodd bynnag, mynnodd addewidion oddi wrth John Morley y byddai'r Llywodraeth yn ymdrin â thri mater yn ymwneud â Chymru: Mesur Ataliol Eglwysig (cam cyntaf hanfodol tuag at ddatgysylltiad), Comisiwn Tir i baratoi'r ffordd i ddeddfwriaeth ar faterion amaethyddol, ac yn olaf, i gwblhau'r fframwaith addysgol, siarter er sefydlu prifysgol i Gymru.

including Herbert Lewis and Lloyd George. Lewis was more concerned about the effect on Ellis's health than anything else, while Lloyd George encouraged his acceptance. In a letter of congratulation he told Ellis that 'as far as Welsh interests are concerned there is no extra-cabinet position which will afford you better opportunities for promoting them than the one you occupy. As to your using those opportunities remorselessly no one who knows you possesses the slightest doubt'. After much soul-searching, Ellis decided to accept office when Gladstone formed his Government in 1892, feeling that his influence would be greater inside a Liberal administration sympathetic to Welsh claims than as a member of a Welsh Parliamentary Party torn by internal jealousies and divisions, and where his leadership and ideals were far from being universally accepted.

Although there were one or two discordant voices such as that of Arthur Price, who saw Ellis's acceptance as a betrayal of Wales, most people rejoiced in the fact that Wales and her claims had been recognized and her devotion to Gladstonian Liberalism rewarded. The announcement of Ellis's appointment in August 1892 was received with gratification by the Welsh press. Gee's paper *Baner ac Amserau Cymru* welcomed the news enthusiastically, while the *South Wales Daily News* of Cardiff saw the appointment 'as a compliment to Wales and the Young Wales contingent, a recognition of conspicuous ability and an earnest that Welsh affairs would now have due regard'. That paper's London correspondent said he had authority for stating that 'Ellis will deem it consistent with his duty to the Welsh Liberal Party and the Welsh nation to accept the post'. Ellis had in fact refused the offer of an under-secretaryship and took instead the office of junior whip. This choice in itself was guided by his realization that such a post, although more difficult, would enable him to work more effectively for Wales. Before accepting this, however, Ellis obtained promises from Morley that three Welsh issues would be dealt with by the Government: a Church Suspensory Bill (an essential first step towards disestablishment), a Land Commission to prepare the way for legislation on agrarian matters, and finally, in order to complete the educational framework, a charter in order to set up a University of Wales.

Ym misoedd agoriadol y Senedd newydd gwelwyd yn glir ymgysegriad Tom Ellis i fuddiannau Cymru a'i ddyfalbarhad yn sicrhau mesurau i hyrwyddo'r buddiannau hynny. Byth oddi ar iddo fynd i Dŷ'r Cyffredin fe'i gwnaeth yn fater o gyfrifoldeb personol amlygu'r ansicrwydd a'r caledi a nodweddai fywyd ffermwyr Cymru. Meddyliai am esiampl Denmarc, ac yn ei weledigaeth gwelai greu gwerin gadarn, a phob un yn berchen ar ei dir ei hun ar ôl cael cymorth gan Fanc Tir Cymreig i'w brynu. Ym mis Mawrth 1892 traddododd araith a wnaeth argraff ar Gladstone, araith lle yr oedd wedi cyflwyno Mesur Tir ar gyfer Cymru yn hawlio Llys Tir i osod rhenti teg ac iawndal am welliannau. Ond sylweddolodd yn fuan fod y Llywodraeth wedi ei gorlwytho â cheisiadau am fesurau o fewn Rhyddfrydiaeth ei hun ac nad oedd yn barod i sefydlu'r Comisiwn Tir angenrheidiol i baratoi'r ffordd ar gyfer deddfwriaeth effeithiol. Yr oedd Stuart Rendel, a oedd o hyd yn arweinydd y Blaid Ryddfrydol Gymreig, a Gladstone ei hun yn ffafrio creu Pwyllgor Seneddol, ond buasai hynny'n llai trylwyr a phell-gyrhaeddol. Gwthiodd Tom Ellis yn ddidrugaredd dros Gomisiwn Tir a deithiai o gwmpas Cymru ac a arbedai denantiaid rhag teithio i Lundain i roi tystiolaeth. Gallai'r fath Gomisiwn weld cyflwr amaethyddiaeth drosto'i hun, a chael felly ddarlun cliriach o'r problemau. Bu'n annog ei gyd-aelodau Seneddol i gefnogi ei safiad, ac ar ei awgrym ef ysgrifennodd Herbert Lewis at Stuart Rendel yn dweud na fyddai Pwyllgor Dethol o fawr werth. Pwysodd Tom Ellis ar Asquith, y gweinidog cyfrifol, yn ei atgoffa am yr addewidion ynghylch y mater a wnaed cyn ffurfio'r weinyddiaeth. O ganlyniad cydsyniodd Gladstone yn y diwedd a chaniatàu sefydlu Comisiwn Tir Cymreig ym mis Rhagfyr 1892. Mae'r holl hanes yn enghraifft o ddyfalbarhad Tom Ellis, ac yr oedd yn gryn gamp yn wyneb yr anawsterau. Gorchfygodd wrthwynebiad yn y Llywodraeth ac ymysg Aelodau Seneddol Cymreig dylanwadol fel Stuart Rendel, Bryn Roberts a D.A. Thomas. Ym 1896 ymddangosodd yr adroddiad manwl a allasai fod yn sylfaen i ddeddfwriaeth arbennig a goleuedig ar bwnc y tir yng Nghymru. Ond erbyn hynny yr oedd y Llywodraeth Ryddfrydol wedi syrthio ac ni wnaed dim yn ei gylch gan y Llywodraeth Doriaidd a ddilynodd.

Ellis's devotion to Welsh interests and his perseverance in obtaining measures to promote them were made clear in the opening months of the new Parliament. Ever since he had entered the Commons he had made it his business to bring to the forefront the insecurity and hardship experienced by the Welsh farming community. With the example of Denmark in mind, Ellis's vision encompassed for Wales the creation of a sturdy, land-owning peasantry aided in the purchase of their tenements by a Welsh Land Bank. It was a speech by Ellis in March 1892, in which he had introduced a Land Bill for Wales, demanding a Land Court to fix fair rents and compensation for improvements, which had impressed Gladstone. Ellis soon became aware, however, that the Government, overwhelmed by competing claims within Liberalism, was not prepared to set up the Land Commission which was necessary to prepare the ground for effective legislation on the question. Rendel, who was still the leader of the Welsh Parliamentary Party, and Gladstone himself favoured the creation of a Parliamentary Committee, which would have been less thorough and far-reaching. Ellis pressed relentlessly for a Land Commission, whose activities in travelling around Wales would have done away with the need for tenant farmers to travel to London to give evidence. A Land Commission would be in a position to see agrarian conditions at first hand and thus obtain a clearer view of the problems. Ellis urged his parliamentary colleagues to support his stand and Herbert Lewis, at his suggestion, wrote to Rendel stating that a Select Committee would be of little value. Ellis brought pressure to bear on Asquith, the minister responsible, reminding him of the promises given to Ellis on the question before the formation of the ministry. As a result Gladstone finally conceded when he sanctioned, in December 1892, the setting up of a Welsh Land Commission. The whole episode shows Ellis's doggedness and was a considerable achievement in view of the difficulties. He overcame opposition in the Government and among influential Welsh Members of Parliament like Rendel, Bryn Roberts and D. A. Thomas. The detailed report, which could have provided the basis for separate, enlightened legislation on the land question in Wales, appeared in 1896. By then the Liberal Government had fallen from power and no action was taken by the Tory Government which took over.

Cafwyd mwy o gytundeb ynghylch addysg Gymreig. Dyma fater arall y ceisiodd Tom Ellis gael addewid yn ei gylch, ac, ag Arthur Acland yn y Cabinet yn weinidog yn gyfrifol dros y materion hyn, daethpwyd i ben â hwy yn gyflym ac yn llwyddiannus. Yma eto, trwy weithio'n uniongyrchol trwy ei gyfaill, hwylusodd gwblhau rhan olaf y fframwaith addysgol, sef creu Prifysgol Cymru. Bu'r cynnydd yn addysg yn gyflym a Chymry o wahanol bleidiau yn cyfrannu i greu cyfundrefn drawiadol o ysgolion canol. I'r mwyafrif o'r Cymry, ond nid i D.A. Thomas a ymgyrchodd yn ei herbyn, prifysgol genedlaethol a'r tri choleg presennol wedi eu hymgorffori ynddi oedd y nod. Yn y modd hwn gallai'r brifysgol genedlaethol roi ei delw ar y myfyrwyr a'i mynychai. Bu i Arthur Acland nid yn unig gytuno ond rhoes gefnogaeth ymarferol i gynlluniau Tom Ellis, ac yn fuan cytunodd y Cabinet ag argymhelliad Tom Ellis y dylai Owen Edwards baratoi adroddiad iddynt i'w astudio. Yn y cyfamser yr oedd Tom Ellis wedi trafod y mater ag Owen Edwards ac wedi pwysleisio'r angen am adroddiad a fyddai'n argymell cymorth ariannol gan y Llywodraeth, nid yn unig i sefydlu'r brifysgol ond hefyd i greu cymrodoriaethau a gwneud gwaith allanol. Derbyniwyd cynigion yr adroddiad, a chafodd siarter y brifysgol ffederal y Drwydded Frenhinol ym mis Tachwedd 1893 ac iddi dri choleg cyfansoddol yn Aberystwyth, Bangor a Chaerdydd. Cryfhawyd safle ariannol y Brifysgol gan grant o £20,000, ac ychwanegwyd £50,000 arall trwy ymdrechion gwirfoddol. Cafodd ymdrechion Tom Ellis — yn bennaf y tu ôl i'r llenni — yn cynllunio ac yn gwthio'r cynllun drwodd eu cydnabod gan Is-ganghellor cyntaf y Brifysgol, Viriamu Jones, a gofnododd ei werthfawrogiad a'i ddiolch iddo am ei ran ef yn y gweithgarwch.

Yr oedd y trydydd pwnc y rhoddodd y Llywodraeth ernes yn ei gylch yn un mwy anodd. Yr oedd datgysylltiad nid yn unig yn cyffroi teimladau dyfnion ac ymryson ond hefyd yr oedd iddo broblemau cyfreithiol a chyfansoddiadol dyrys iawn. Collodd llawer o'r Rhyddfrydwyr yng Nghymru eu hamynedd â'r hyn a ystyrid ganddynt yn hwyrfrydigrwydd y Llywodraeth wrth ymdrin â'r pwnc. Pwysleisiodd rhai arweinwyr Rhyddfrydol, megis Thomas Gee a D.A. Thomas, bwysigrwydd dadwaddoliad ac edrychent ymlaen, ychydig yn rhy eiddgar i blesio Anglicaniaid Cymreig, at drosglwyddo asedau Eglwysig a ddadwaddolwyd i'w defnyddio at amcanion cenedlaethol,

On the subject of Welsh education, which was another issue on which Ellis had sought guarantees, there was greater unanimity and, with Acland in the Cabinet as minister responsible, matters were brought to a quick and successful conclusion. Here again Ellis, working directly through his friend, facilitated the completion of the final stage in the educational structure by the creation of the University of Wales. Progress on education had been rapid, with Welshmen of differing persuasions contributing to the creation of an impressive secondary school system. For most Welshmen, though not D. A. Thomas who campaigned against, a national teaching university with the three existing colleges incorporated within it was the desired aim. In this way the national university could put its imprint on the students coming into it. Acland not only acquiesced but actively supported Ellis's plans, and soon obtained Cabinet acceptance of Ellis's recommendation that Owen Edwards should prepare a report for its perusal. Ellis had in the meantime discussed the question with Edwards, stressing the need for the report to contain recommendations for government financial aid not only for the creation of the university but also for the provision of fellowships and extra-mural facilities. The report's proposals were accepted and the federal university's charter received the Royal Assent in November 1893 with three constituent colleges at Aberystwyth, Bangor and Cardiff. Its finances were underpinned by a grant of £20,000, with a further £50,000 added by voluntary effort. Ellis's efforts, largely behind the scenes, in planning and realizing the project, were recognized by the University's first Vice-chancellor, Viriamu Jones, who recorded his appreciation and thanks to Ellis for the part he had played.

The third question on which the Government had given guarantees was a more difficult one. Disestablishment not only aroused deep emotions and controversy but also presented complicated legal and constitutional problems. Many Liberals in Wales were becoming impatient at what they considered the dilatoriness of the Government in dealing with the question. Some Liberal leaders, like Thomas Gee and D. A. Thomas, stressed the importance of disendowment and anticipated, a little too eagerly for Welsh Anglicans, the transfer of disendowed Church assets to such national purposes as allotment

megis prynu lotmentau a chyfleusterau cymdeithasol ac addysgol eraill. Daethai Gladstone i dderbyn pwysigrwydd datgysylltiad Cymreig, ond yr oedd ei waith ar ymreolaeth i Iwerddon wedi gwthio i'r neilltu ymdrin â darn o ddeddfwriaeth a hawliai gymaint o lafur. Byddai Stuart Rendel a Tom Ellis yn atgoffa'r Llywodraeth yn rheolaidd am ddwyster y teimlad yng Nghymru ynghylch y mater, ac fel rhagarweiniad i ddatgysylltiad paratowyd Mesur Ataliol mor gynnar â mis Hydref 1892. Erbyn haf 1893 lleisiwyd beirniadaeth am y Llywodraeth a'r Aelodau Seneddol Cymreig eu bod yn rhy oddefgar yn wyneb methiant y Llywodraeth i yrru ymlaen â datgysylltiad. Teimlai rhai o'r Aelodau Seneddol yr un mor rhwystredig a dig, yn enwedig D.A. Thomas, y meistr glo grymus, a gynrychiolai Ferthyr Tudful. Cyn hyn nid oedd wedi dangos cydymdeimlad â chenedlaetholdeb ond yn awr dechreuodd argymell herio'r Llywodraeth Ryddfrydol. Gorchfygwyd cynlluniau'r grŵp bychan hwn yn y Blaid Seneddol Gymreig trwy gydweithrediad Lloyd George a Tom Ellis, a phasiwyd cynnig mwy cymedrol. Mynnai'r cynnig hwn fod y Mesur Datgysylltiad Cymreig yn cael ei drin fel y byddai'n mynd trwy ei holl gamau cyn diwedd sesiwn 1894 y Senedd. Cwblhawyd drafft o'r mesur gan y Llywodraeth cyn diwedd 1893 ac yn gynnar ym 1894 paratodd Tom Ellis femorandwm ar gyfer y Cabinet lle y crynhodd agweddau'r Blaid Seneddol Gymreig. Felly ymddangosai'n debygol iawn i Tom Ellis fod yn gywir wrth gredu y ceid datgysylltiad yn sicr yn ystod y sesiwn nesaf.

Fodd bynnag, bu dau ddigwyddiad yn gynnar ym 1894 a ddistrywiodd y gobaith hwn ac a brysurodd wrthryfel ymhlith carfan fechan o'r Blaid Seneddol Gymreig. O ganlyniad crewyd sefyllfa a fu'n gymorth i achosi cwymp y Llywodraeth Ryddfrydol ag iddi bedair blynedd i redeg, ac i ohirio datgysylltiad yng Nghymru a'r rhan fwyaf o'r achosion Cymreig eraill am fwy na deng mlynedd. Ym mis Mawrth 1894 ymddiswyddodd Gladstone a chymerodd yr Arglwydd Rosebery ei le. Ac yntau'n 35 oed, daeth Tom Ellis yn brif chwip, ac ymysg ei gyfrifoldebau oedd trefnu a rheoli'r Blaid Ryddfrydol yn y Senedd ac yn yr etholaethau. Mewn datganiad o'i rhaglen ar gyfer y dyfodol a gyhoeddwyd gan y Llywodraeth newydd yn fuan, rhoddwyd blaenoriaeth is i ddatgysylltiad Cymreig nag oedd rhai o'r Blaid Seneddol Gymreig yn barod i'w chaniatáu. Edrychwyd ar hyn fel torri addewid ac fel brad ar Gymru. Bu D.A. Thomas yn flaenllaw yn ei

purchase and other social and educational amenities. Gladstone had come to accept the prime importance of Welsh disestablishment, but his concern with Irish Home Rule had pushed aside dealing with such a demanding piece of legislation before the Irish question. Both Rendel and Ellis kept before the Government the intensity of Welsh feeling on the matter and, as a prelude to disestablishment, a Suspensory Bill was prepared as early as October 1892. By the summer of 1893 criticism of both the Government and the Welsh Members of Parliament was being voiced in which it was claimed that they were too passive in view of the Government's failure to proceed with disestablishment. This sense of frustration and anger was shared by some Members of Parliament, particularly D. A. Thomas, the powerful coal magnate who represented Merthyr. Thomas, who had not hitherto shown any nationalist tendencies, now began to urge defiance of the Liberal Government. Through the co-operation of Lloyd George and Ellis the plans of this small group among the Welsh Parliamentary Party were defeated and a more moderate proposal carried. This demanded that the Welsh Disestablishment Bill should be dealt with so as to carry it through all its stages before the 1894 session of Parliament was over. The draft of such a bill was completed by the Government before the end of 1893, and early in 1894 Ellis prepared a memorandum for the Cabinet in which he summarized the views of the Welsh Parliamentary Party. It appeared most likely therefore that Ellis's belief that disestablishment was certain during the next session would be realized.

Two events occurred, however, early in 1894 which thwarted this hope and precipitated a revolt among a small section of the Welsh Parliamentary Party. As a result a situation was created which helped to bring about the defeat of a Liberal Government with four years to run, and to postpone Welsh disestablishment, and most other Welsh causes, for over a decade. In March 1894 Gladstone resigned and his place was taken by Lord Rosebery. Tom Ellis, at the age of thirty-five, became Chief Whip, where his responsibilities included the organization and running of the Liberal Party in Parliament and throughout the constituencies. In a statement of its future programme which the new Government soon published, it gave a lower position in its list of priorities to Welsh disestablishment than some of the Welsh Parliamentary Party were prepared to accept. It was seen by them as breaking a pledge and a betrayal of Wales. D. A. Thomas was

wrthwynebiad, gan ddal fod hyn yn sarhad ar Gymru. Y tro hwn ymunwyd ag ef gan Lloyd George a Frank Edwards, edmygydd o Lloyd George ac AS Maesyfed. Ychydig yn ddiweddarach ymunodd Herbert Lewis, a fuasai'n cydweithio mor agos â Tom Ellis ar hyd yr amser, â hwy, ar ôl iddo wneud apêl ddramatig i Tom Ellis i ddod i'w harwain a chymryd drosodd arweinyddiaeth gwrthryfel cenedlaethol. Rhoes Tom Ellis bwysau ar yr Arglwydd Rosebery a ddatganodd yn gyhoeddus ei ymrwymiad pendant i ddatgysylltiad. Bodlonwyd mwyafrif mawr yr aelodau Cymreig gan hyn, ond nid y 'Pedwar'. Erbyn hyn daethai Herbert Lewis a Lloyd George i feddwl fod angen sioe o annibyniaeth a hyn wedi ei chefnogi gan fudiad grymus yng Nghymru yn galw am ymreolaeth. Ar ôl apelio'n aflwyddiannus at Tom Ellis i arwain y gwrthryfel, troesant eu cefnau ar Westminster a theithio ledled Cymru'n annog eu cydwladwyr i ymuno â hwy.

Digwyddodd y gwrthryfel ar yr adeg waethaf i Tom Ellis — y Llywodraeth â mwyafrif bychan ac yn cael ei phoeni gan raniadau mewnol difrifol. Cynyddwyd ei anawsterau oherwydd, er mai datgysylltiad oedd achos y gwrthryfel, yr oedd ymreolaeth i Gymru wedi ei chynnwys ymysg ei amcanion niwlog. Dyma un o'r prif amcanion a osododd Tom Ellis gerbron y genedl yn ei araith yn y Bala ym 1890. Dyma'r rheswm paham y gallai ddweud fod y gwrthryfel yn ddiddorol mewn sawl ffordd, ond ar yr un pryd siaradodd yn blaen a dweud iddo gael ei gynllunio a'i amseru'n wael. Amserwyd ef yn wael oherwydd am y tro cyntaf ceid Llywodraeth, dan fygythiad enbyd gwrthblaid nad oedd ganddi ddiddordeb yng Nghymru, a roes addewid cadarnhaol ynghylch datgysylltiad. Cynlluniwyd ef yn wael gan na ddiffiniwyd ei amcanion yn eglur ac ychydig o'r aelodau Cymreig a'i cefnogai. Yn wir, honnai rhai ohonynt, a Mabon yn eu mysg, mai uchelgais heb ei gyflawni oedd yn rhannol gyfrifol am y gwrthryfel, ac yn achos D.A. Thomas, eiddigedd ydoedd. Gwaeth fyth, o ran ei lwyddiant, oedd amrywiaeth ryfedd y grŵp, yn enwedig ei ddau aelod mwyaf grymus, Lloyd George a D.A. Thomas. Bu eu hamcanion gwleidyddol gwahanol hwy yn gymorth i roi diwedd ar y gwrthryfel ymhen dwy flynedd.

Er i dactegau'r gwrthryfelwyr ei drethu, gwrthododd Tom Ellis — a ddaliai i barchu didwylledd Herbert Lewis, os nad ei farn — eu beirniadu'n gyhoeddus. Yn ystod egwyl y Sulgwyn dychwelodd i'w

prominent in the outcry, claiming that it was a national affront to Wales. This time he was joined by Lloyd George and Frank Edwards, an admirer of Lloyd George and MP for Radnor. Herbert Lewis, who had all along co-operated so closely with Ellis, joined them a little later, after making a dramatic appeal to Ellis 'to come and lead us' and take over the leadership of a national revolt. Ellis immediately put pressure on Rosebery who gave a firm public commitment on disestablishment. This satisfied the large majority of the Welsh members, but not the 'Four'. Both Lewis and Lloyd George had come to feel by this time that a show of independence, backed by a powerful movement in Wales advocating Home Rule, was necessary. After the abortive appeal to Ellis to lead the revolt they turned their backs on Westminster and travelled the length and breadth of Wales urging their compatriots to join them.

For Ellis the revolt came at the worst possible time, falling upon a Government with only a slim majority and harassed by serious internal divisions. His difficulties were increased by the fact that, although it was disestablishment which had caused the revolt, Home Rule for Wales was included among its rather hazy objectives. This had been one of the principal goals held up to the Welsh nation by Ellis in his Bala speech of 1890. It was for this reason that he could say that the revolt was 'interesting in many ways', but at the same time he was forthright in calling it 'ill-planned and ill-timed'. It was badly timed since, for the first time, a Government, hard pressed by an opposition with no regard for Wales, was pledged to disestablishment. It was ill-planned, because its objectives were not clearly defined and few of the Welsh members supported it. Indeed, some of them, including Mabon, claimed that thwarted ambition and, in the case of D. A. Thomas, envy played a part. Even more ominous was the ill-assorted nature of the group, especially its two most forceful members, Lloyd George and Thomas, whose differing political objectives helped to bring about the collapse of the revolt within two years.

Although sorely tried by the tactics of the rebels, Ellis, who still respected Lewis's integrity but not his judgement, refrained from criticizing them in public. During the Whitsun recess he returned to his

etholaeth ac amddiffyn record y Llywodraeth yn egnïol. Hawliai ef mai'r Mesur Datgysylltiad, a gawsai ei ddwyn gerbron, oedd yr ymgais fwyaf trylwyr a wnaed erioed yn y Senedd i gydnabod bodolaeth genedlaethol a gwleidyddol Cymru. Nid oedd ychwaith yn fodlon ymddiheuro dros ei gefnogaeth o Fesur Cyfrifoldeb y Cyflogwyr; o gyllideb a luniwyd i rannu baich y trethi mewn modd tecach; ac o Fesur y Cynghorau Plwyf, a ymgorfforai estyniad pellach ar ddemocratiaeth awdurdod lleol. Yr oedd yr holl fesurau hyn yn dystiolaeth i ymrwymiad y Llywodraeth wrth fuddiannau'r dosbarth gweithiol, a haerodd mai am yr holl resymau hyn y llwyddodd y Llywodraeth i barhau wrth y llyw gyhyd ag y gwnaeth. Cyfeiriodd yn anuniongyrchol at y gwrthryfel pan awgrymodd nad rhywbeth a ymddangosai dros nos oedd rhyddid, yn ganlyniad i grwsâd gwyllt neu ffrwydrad sydyn o frwdfrydedd a chwipiwyd i fyny gan huodledd hypnotig Lloyd George ledled Cymru. Iddo ef yr oedd y cynghorau plwyf, a gawsai eu sefydlu, yn ysgolion elfennol rhyddid lle y byddai'r bobl yn dysgu sut i ysgwyddo beichiau cyfrifoldeb rheoli eu hardaloedd eu hunain. Daliodd y byddai'r cyrff hyn ynghyd â'r cynghorau sir, a oedd eisoes mewn bodolaeth, yn rhwym o arwain ymlaen at gynnydd pellach mewn democratiaeth ac at sefydlu cynulliad lle y gellid rhoi sylwedd i obeithion cenedlaethol y Cymry.

Ni ddangosodd ei gymwysterau fel arweinydd ac ansawdd ei bersonoliaeth yn gliriach ar un adeg yn ei fywyd nag yn ystod y flwyddyn oedd yn weddill i'r Llywodraeth Ryddfrydol. Er i'r cysylltiad rhyngddo a Lloyd George oeri llawer, ni ddangosodd chwerwder personol a cheisiodd yn ddygn uno'r mudiad cenedlaethol o fewn Cymru, a chadw at ei gilydd weinyddiaeth Ryddfrydol a âi'n fwyfwy digalon. Ar ôl gwyliau byr ar y Cyfandir gyda David Daniel ac Arthur Acland dychwelodd i Gymru a thraddodi cyfres o areithiau a ddatgelodd yr elfen adeiladol a hyd yn oed proffwydol yn ei athroniaeth wleidyddol. Ynddynt ymdriniodd ag agweddau ar ddeddfwriaeth Ryddfrydol a ddangosai ei fod yn ffigur unigryw ac arloesol yng ngwleidyddiaeth Cymru'r adeg honno. I'r rhan fwyaf o'r Rhyddfrydwyr Cymreig crwsâd oedd datgysylltiad i gael gwared â'r stigma cymdeithasol a lynai wrth Anghydffurfiaeth, heb ond ychydig neu ddim ganddo i'w wneud â thynged gweithwyr fferm neu weithwyr diwydiannol. Datgelwyd ei ymrwymiad i dynged y gweithwyr yn glir i'r cynulleidfaoedd y bu'n eu hannerch y pryd hwn pan eglurodd fod

constituency and vigorously defended the Government's record. The Disestablishment Bill which had been brought forward was, he claimed, the most thorough attempt ever made in Parliament to acknowledge the national and political existence of Wales. Neither was he apologetic for supporting the Employers' Liability Bill; a budget designed to distribute tax burdens more equitably; and the further extension of democratic local government embodied in the Parish Councils Bill. All these measures testified to the Government's concern for the interests of working people and it was for all these reasons, he asserted, that the Government had been able to continue in office as long as it had. Ellis made an indirect reference to the revolt when he implied that freedom did not come overnight as the result of a heady crusade or a sudden burst of enthusiasm which Lloyd George's hypnotic oratory was fanning throughout Wales. For Ellis the parish councils which had been created were 'the primary schools of freedom', where people learned to take on the responsibilities of running their own localities. These bodies, he claimed, together with the already established county councils, would inevitably lead on to further democratic advance, with the creation of an assembly where Welsh national aspirations could be realized.

At no other period of his life did Ellis display his qualities of leadership and character more clearly than in the year of office that remained to the Liberal Government. Although relations between Lloyd George and himself cooled considerably he showed no personal rancour and steadfastly attempted to unify the national movement within Wales and keep together what was becoming a demoralized Liberal administration. After a short continental holiday with David Daniel and Arthur Acland he returned to Wales and made a series of speeches which revealed the constructive and even visionary element in his political outlook. In them he drew out aspects of the Liberal legislation which show him as a unique and pioneering figure in Welsh politics at that time. To most Welsh Liberals disestablishment was a crusade to remedy the social stigma attached to Nonconformity and had little or nothing to do with the fate of agricultural labourers or industrial workers. Ellis's concern for the plight of workers was made clear to the audiences he spoke to at this time when he pointed out that

ystyriaethau ehangach megis cyfiawnder a chydraddoldeb cymdeithasol ac economaidd yn cael eu hesgeuluso wrth ganolbwyntio ar ddatgysylltiad, fel y digwyddai mor aml yng Nghymru. Yr oedd diddordeb gan y Llywodraeth mewn pynciau megis diwrnod gwaith wyth awr ac iawndal i weithwyr a anafwyd, ac yr oedd y gwrthryfel yn bygwth mesurau a fyddai'n ymdrin â'r fath broblemau. Gwelodd ym Mesur y Cynghorau Plwyf gyfle i wella tynged un elfen yn y gymdeithas a esgeuluswyd yn dost, sef yr ieuenctid rhwng 13 a 23 oed. Hawliai ei bod yn ddyletswydd ar bob plwyf i drefnu cyfleusterau lle y gallai'r ieuenctid hyn dreulio nosweithiau hirion y gaeaf mewn tipyn o gysur ac â'r cyfle i ymhel â rhyw weithgaredd ddiwylliannol. Yn ei farn ef yr oedd hyn nid yn unig yn ddyletswydd foesol ond hefyd yn fesur ymarferol a allai fod yn gymorth i atal y diboblogi a effeithiai'r ardaloedd amaethyddol.

Erbyn dechrau 1895 yr oedd y Llywodraeth wedi cadw ei haddewid ac ailgyflwyno datgysylltiad. Er gwaethaf gwrthwynebiad chwyrn gan y Toriaid, a'r aelodau Gwyddelig yn tynnu yn ôl eu cefnogaeth, erbyn haf cynnar 1895 cawsai'r Mesur Datgysylltiad ei dywys trwy'r rhan fwyaf o'i gamau. Erbyn hyn yr oedd syniadau gwrthgyferbyniol digyfaddawdol Lloyd George a D.A. Thomas yn dod i'r amlwg. Er mai ychydig o gefnogaeth a gâi gan y rhan fwyaf o'r aelodau Cymreig, yr oedd Lloyd George wedi penderfynu anelu at gael plaid Gymreig annibynnol a chynulliad Cymreig wedi eu cefnogi gan rwydwaith o Gymdeithasau Cymru Fydd ar draws Cymru. Llwyddodd y mudiad i ymgorffori Cynghrair Rhyddfrydol Gogledd Cymru ond methodd â gwneud hyn â Chynghrair De Cymru oherwydd gwrthwynebiad D.A. Thomas, ei Lywydd, er bod llawer o aelodau blaenllaw y corff hwn yn cefnogi Lloyd George. Yn ei ymdrechion i gadw'r Llywodraeth mewn grym a chan sylweddoli y byddai ennill cynulliad yn y modd hwn yn annhebygol, apeliodd Tom Ellis at Lloyd George a'i ganlynwyr i ohirio eu gwrthwynebiad hyd nes i'r etholiad gael ei ennill. Ni thalodd Lloyd George na D.A. Thomas sylw i'r apêl, y cyntaf yn parhau â'i grwsâd gwleidyddol a'r ddau yn cyflwyno gwelliannau i'r Mesur a fu'n gymorth i ddymchwelyd Llywodraeth a oedd eisoes yn wan. Er i Lloyd George ymgyrchu'n galed, ni fu'r gwaith a wnaeth yn yr etholiad cyffredinol a ddilynodd yng Ngorffennaf 1895 yn ddim ond seibiant yn yr ymdrechion a wnaethai'n gynharach i sefydlu sylfaen gwleidyddol cryf iddo'i hun yng Nghymru. Bu'r Toriaid yn llwyddiannus, a

in the concentration on disestablishment, which was so marked in Wales, wider considerations of social and economic justice and equality were being overlooked. The Government was concerned with questions like an eight-hour working day and compensation for injured workmen, and the revolt threatened the implementation of such measures. Ellis saw in the Parish Councils Bill opportunities for improving the lot of a much-neglected element in society, the young people between the ages of 13 and 23. It was the duty of every parish, he claimed, to see that amenities were provided where these young people could spend the long winter evenings in some degree of comfort and with the possibility of cultural improvement. It was in his eyes not only a moral duty but also a practical measure which could help to stem the depopulation which was affecting the agricultural areas.

By the beginning of 1895 the Government, honouring its pledge, had reintroduced Welsh disestablishment. In spite of intense opposition from the Tories and the withdrawal of support by the Irish members, the Disestablishment Bill had been conducted through most of its stages by the early summer of 1895. By this time the irreconcilably opposed views of Lloyd George and D. A. Thomas were coming into the open. Lloyd George, with little support from the majority of the Welsh members, had decided to aim for an independent Welsh party and a Welsh assembly, backed up by a nation-wide network of Young Wales Societies. The movement succeeded in absorbing the North Wales Liberal Federation but failed, owing to the opposition of D. A. Thomas (its President), to amalgamate the South Wales Federation, although many of the leading members of this body supported Lloyd George. Ellis in his efforts to keep the Government going, and realizing the unlikelihood of achieving an assembly in this way, appealed to Lloyd George and his followers to postpone their opposition until the election was won. Neither Lloyd George nor Thomas heeded the appeal, the former continuing his political crusade, and both introducing amendments to the Bill which helped to bring down an already weakened government. The general election which followed in July 1895 was, hard though Lloyd George campaigned, merely a lull in the efforts he had been making earlier to establish a powerful political base in Wales. The Tories triumphed and Liberalism, even in Wales,

dioddefodd Rhyddfrydiaeth ergyd drom gan golli hyd yn oed chwe sedd yng Nghymru. Felly, gwthiwyd achos datgysylltiad yn ôl a dymchwelwyd cynnydd cyson y mudiad cenedlaethol a feithrinwyd gan Tom Ellis gan chwerwedd parhaus a rhaniadau dyfnion.

VI
Yn yr Wrthblaid

Golygodd colli'r etholiad fod y Rhyddfrydwyr yn wrthblaid am y deng mlynedd nesaf, a gohiriwyd yr holl ddeddfwriaeth a fwriedid ganddynt i ddiwygio cymdeithas. Yr oedd llawer o'r arweinwyr Rhyddfrydol yn ddigalon o weld eu sefyllfa ac wrth wynebu Llywodraeth â mwyafrif o 142. Hefyd, ceid rhaniadau ymysg yr arweinwyr, ac yr oedd ym meddwl Arthur Acland ymadael â'r byd gwleidyddol yn llwyr, wedi ei ddisbyddu gan ei gyfnod yn y weinyddiaeth. Ni theimlai Tom Ellis mor ddigalon â hyn ac yr oedd ganddo'r gallu i ymadfer na ddisgwylid mewn un â'r fath gyfansoddiad corfforol. Dechreuodd ar y dasg lafurus o ad-drefnu ac adfywio plaid a gollasai ffydd ynddi ei hun. Yn ystod y cyfnod hwn ar ôl 1895 chwaraeodd ran bwysig yn cryfhau'r blaid ac yn ailennyn ffydd ymysg diwydianwyr dyngarol a gwleidyddion y dosbarth gweithiol yng nghenhadaeth ddiwygio y weinyddiaeth Ryddfrydol nesaf. Trwy ei frwdfrydedd, ei ddoethineb, a'i onestrwydd llwyddodd i ennill cefnogaeth llawer o elfennau gwahanol mewn cymdeithas, a hynny mewn ffordd a enillodd iddo ef barch ac edmygedd ei gydaelodau. Dywedodd George Cadbury, y Crynwr a'r diwydiannwr, amdano ar ôl cyfarfod ag ef, iddo ei adael â'r ymddiriedaeth fwyaf ynddo a'r gred mai ef o'r holl ddynion a adnabu oedd yr unig un a allai achub y blaid a'i gwneud yn llwyddiannus unwaith eto. Gwelwyd radicaliaeth Tom Ellis a'i gydymdeimlad â chynrychiolwyr y dosbarth gweithiol a oedd yn ymgeiswyr seneddol yn ei gefnogaeth lwyddiannus i undebwyr llafur yn y gwahanol is-etholiadau. Yn y modd hwn bu ef, yn ei swydd o brif chwip, yn gymorth i atgyfnerthu Rhyddfrydiaeth fel grym gwleidyddol unwaith yn rhagor ac i osod y sylfeini ar gyfer buddugoliaeth etholiadol Llywodraeth Ryddfrydol ddiwygiadol fawr 1906.

suffered a set-back, losing six seats. The cause of disestablishment was thus retarded, and the steady advance of the national movement nurtured by Ellis was overwhelmed by continuing acrimony and deep division.

VI
In Opposition

The heavy electoral defeat meant that the Liberals became a party of opposition for the next ten years. All the legislation which they had envisaged in order to reform society was thus put off. Many of the Liberal leaders were disheartened by the situation they found themselves in, facing as they were a Government majority of 142. There was also division within the leadership, and Acland, exhausted by his period in office, contemplated leaving politics altogether. Ellis, with a buoyancy which belied his physical constitution, did not seem too weighed down. He now became engaged on the arduous task of reorganizing and revitalizing a demoralized party. During this period after 1895, Ellis played an important part in strengthening the party and re-kindling faith in the reforming mission of a future Liberal administration among both philanthropic industrialists and working-class politicians. His enthusiasm, tact and integrity enabled him to draw on the support of many elements in a way that won him the respect and administration of his colleagues. George Cadbury, the Quaker manufacturer, said after a meeting with him, 'I came away with the greatest trust in Ellis and the belief that he of all men I have known is the one man to save the party and make it successful once more'. Ellis's radicalism and sympathy with working-class representatives as parliamentary candidates were demonstrated by his successful advocacy of trade unionists as candidates in the various by-elections which occurred. In these ways his tenure of the office of Chief Whip helped to consolidate Liberalism as a political force once again and thus to lay foundations for the election victory of the great reforming Liberal Government of 1906.

Parhaodd Rhyddfrydiaeth Gymreig ar ei hynt o ymrafael hyd yn oed ar ôl colli'r etholiad. Daeth yr ymryson rhwng Lloyd George a D.A. Thomas i ben mewn cyfarfod cythryblus o Gynghrair Rhyddfrydwyr y De yng Nghasnewydd ym mis Ionawr 1896, a chwalwyd cynlluniau Lloyd George ar gyfer mudiad Cymreig unedig. Parhaodd y chwerwder a'r elyniaeth, a gwireddwyd proffwydoliaeth Tom Ellis ar ddechrau'r gwrthryfel y byddai'n gwneud llawer o niwed ac y cymerai lawer o lafur i adfer y sefyllfa. Yr oedd ganddo ef fwy o ddiddordeb mewn undeb cenedlaethol y Cymry a gwaith amyneddgar, adeiladol na mewn dal dig, ac ailgydiodd yn ei hen gyfeillgarwch â Herbert Lewis. Bu hyd yn oed yn amddiffyn Lloyd George yn erbyn cyhuddiadau o ddiffyg teyrngarwch ac o ddymchwelyd y Llywodraeth trwy ei weithrediadau yn y Senedd ym 1895.

Yn wir bu ef a Lloyd George yn cydweithio er mwyn canolbwyntio a gwasgu am ddileu cwynion Cymreig ym maes amaethyddiaeth, pwnc y rhoesai sylw mawr iddo byth ers iddo fynd i'r Senedd. Gweithiodd yn galed dros Gomisiwn Tir i Gymru a chyflwynodd y Comisiwn ei adroddiad manwl ar gyflwr amaethyddiaeth Cymru yn gynnar ym 1896. Yr oedd y diwygiadau a argymhellwyd gan fwyafrif y Comisiynwyr Brenhinol yn cyfateb i'r rheiny a gyflwynwyd gan Ddeddf Tir Iwerddon Gladstone ym 1881, a gwelwyd hwy fel cyfiawnhad digonol dros bwyso ar y Llywodraeth a gwneud iddi dderbyn yr angen am ddiwygiadau. O ganlyniad cychwynnwyd ymgyrch yng Nghymru a thu allan i wneud hyn. Bu Tom Ellis a phum Aelod Seneddol arall yn cynnwys Lloyd George mewn cyfarfod anferth o ffermwyr gorllewin Cymru yng Nghaerfyrddin ar ddechrau 1897. Fe'i trefnwyd gan Llewelyn Williams a J.H. Davies (a ddaeth wedyn yn Brifathro Coleg y Brifysgol, Aberystwyth), a'r llywydd fu Tom Ellis. Ymhen misoedd ar ôl y cyfarfod hwn cyflwynwyd nifer o fesurau i'r Senedd gan ddau o'r Aelodau a fu'n bresennol yng Nghaerfyrddin, fel bo'r diwygiadau angenrheidiol yn dod yn ddeddf gwlad, ond methwyd ag ennill dim tir yn erbyn Llywodraeth Geidwadol a oedd yn elyniaethus iddynt a heb gydymdeimlad.

Yn ystod y blynyddoedd hyn yn yr wrthblaid pan oedd pob blaensymud Cymreig wedi peidio i bob golwg, bu Tom Ellis mor wyliadwrus ag erioed ynghylch buddiannau Cymreig. Pan fu'r Rhyddfrydwyr mewn grym bu ef yn gymorth i sicrhau'r hawl i'r

Welsh Liberalism continued on its course of fratricidal strife even after the electoral defeat. The rivalry between Lloyd George and D. A. Thomas came to a head at a tumultuous meeting of the South Wales Liberal Federation at Newport in January 1896. Here Lloyd George's plans for a united Welsh movement were shattered. The bitterness and animosity remained, and Ellis's prediction made at the outbreak of the revolt that it would do much harm and would take much labour to overcome, was fulfilled. Ellis, more interested in Welsh national unity and patient constructive work than in harbouring grievances, resumed his former intimacy with Herbert Lewis. He even defended Lloyd George against the allegations of disloyalty and accusations that his activities in Parliament in 1895 had brought down the Government.

Indeed, on the issue of Welsh agriculture, a matter which had been a dominating concern of Ellis since his entry into Parliament, he and Lloyd George collaborated in order to focus and press Welsh grievances. The Land Commission for Wales, for which Ellis had striven so hard, produced its detailed report on Welsh agrarian conditions early in 1896. The reforms recommended by a majority of the Royal Commissioners, analogous to those introduced by Gladstone's Irish Land Act of 1881, were seen as ample justification for bringing pressure to bear on the Government and make it accept the need for reform. As a result a campaign was mounted within Wales and outside to bring this about. Ellis, together with five other Welsh Members of Parliament including Lloyd George, attended a vast gathering of west Wales farmers in Carmarthen at the beginning of 1897. It was arranged by Llewelyn Williams and J. H. Davies (the future Principal of University College, Aberystwyth), and presided over by Tom Ellis. Within months of this meeting several bills were introduced into Parliament by two of the members involved at Carmarthen in order to implement the necessary reforms, but no headway was made against an unsympathetic and hostile Conservative Government.

During these years of opposition, when the impetus of Welsh advance seemed to have come to a standstill, Ellis was as vigilant over Welsh interests as ever. While in power, he had helped to make it possible for Welsh to be used in primary schools and when, early in 1896, a monoglot Englishman was appointed as Chief Inspector of

Gymraeg gael ei harfer mewn ysgolion elfennol, ac yn gynnar ym 1896, pan benodwyd Sais uniaith yn brif arolygydd ysgolion elfennol Cymru, protestiodd yn gryf. Nid oedd arlliw o hiliaeth yn ei agwedd at y pwnc oherwydd ychydig yn gynharach yr oedd wedi croesawu penodiad Thomas Darlington, Sais a oedd wedi dysgu Cymraeg, i swydd debyg. Ond gwnaeth ei wrthwynebiad ar bwynt o egwyddor yn eithaf clir pan ddywedodd fod yna ystyriaethau lle yr oedd yn rhaid i Gymru fod ar gyfer y Cymry — yn y dyletswyddau a osodwyd ar bawb yn byw o fewn ei ffiniau i fywiogi a chyfoethogi ei bywyd cenedlaethol, yn yr hawliau a ddylai fod yn eiddo i'w phobl i orchymyn ei llywodraeth a gweinyddu ei deddfau, ac yn y rhwymedigaeth i fynnu rhyddid a pharch i'w hiaith. Yr oedd wedi aros yn aelod o Gymdeithas yr Iaith Gymraeg a bu'n bresennol yn ei chyfarfod blynyddol yn ddiweddarach ym 1897, lle y llawenychodd wrth weld ysbryd Dan Isaac Davies yn amlygu ei hun o hyd, pan benderfynodd rhieni Caerdydd groesawu dysgu'r Gymraeg yn ysgolion elfennol y ddinas. Yr oedd yr un mor ymwybodol o waith arloesol ysgolheigion Cymreig a astudiai lenyddiaeth Cymru dan anawsterau mawr. Yr oedd un o'r ysgolheigion hyn, Gwenogfryn Evans, gweinidog gyda'r Undodiaid, yn gweithio ar destunau Cymraeg hynafol. Llafuriodd am flynyddoedd heb gydnabyddiaeth ac yntau'n dioddef gan afiechyd parhaus. Gwyddai Tom Ellis am bwysigrwydd ei waith a cheisiodd gael cydnabyddiaeth a chefnogaeth iddo. Bu'n datgan ei bryder amdano mewn llythyr at Stuart Rendel pryd y soniodd am ei ofid wrth feddwl am y dyn hwn, a'i iechyd bregus a'i ofidiau teuluol mawr, yn gweithio'n ddygn wrth y gwaith llenyddol ardderchog hwn yn ddi-dâl ac â chostau uchel. Pan oedd yn aelod o weinyddiaeth Ryddfrydol 1892-95 defnyddiodd ei ddylanwad i greu adran Gymreig o'r Comisiwn Llawysgrifau Hanesyddol a Gwenogfryn Evans yn bennaeth arni. Ym 1894 llwyddodd trwy Gladstone i gael pensiwn sifil iddo. O ganlyniad medrodd barhau â'i waith, ac yn ddiweddarach daeth cydnabyddiaeth iddo oddi wrth Brifysgolion Cymru a Rhydychen. Erbyn hyn derbynnir ei gyfraniad fel gwaith anhepgorol i unrhyw un sy'n astudio testunau Cymraeg cynnar.

Ym meysydd diwylliant ac addysg y cyflawnwyd rhai o orchestion mwyaf cenhedlaeth Tom Ellis. Byddai'n atgoffa pobl Cymru'n fynych fod ar genedl angen cofio a pharchu ei gorffennol. Yr oedd hyn yn rheidrwydd ac nid yn unig yn ddyletswydd ar genedl a oedd yn ymdrechu i ddatblygu mwy o hunanymwybyddiaeth ac unoliaeth. Yn

Welsh elementary schools he spoke out strongly. There was no racialist element in his outlook on the question for he had a little earlier welcomed the appointment of Thomas Darlington, an Englishman who had learnt Welsh, to a similar position. Nevertheless he made his opposition on a point of principle quite clear when he said that 'there are senses in which Wales must be for the Welsh. In the duties laid upon all who live in its borders to quicken and enrich its national life, in the rights which its own citizens ought to possess of ordering its government and administering its laws, and in the obligation of securing freedom and respect for its language'. Ellis had remained a member of the Welsh Language Society and was present at its annual meeting later in 1897, where he rejoiced at seeing the spirit of Dan Isaac Davies still manifesting itself in the decision by Cardiff parents to welcome the teaching of Welsh in the city's primary schools. Ellis was equally alive to the pioneering work being carried out under great difficulties by scholars on Welsh literature. One of these nineteenth-century scholars working on ancient Welsh texts was a Unitarian minister, Gwenogfryn Evans. Evans, afflicted by continuous ill-health, carried on his labours unrecognized for years. Ellis was aware of the importance of his work and sought to obtain recognition and support for him. He expressed his concern in a letter to Stuart Rendel in which he said, 'it haunts me to think of this man with his frail health and heavy family cares toiling away at this splendid literary work, not for any remuneration but at a heavy financial loss'. As a member of the Liberal administration of 1892-95 Ellis used his influence to create a Welsh section of the Historical Manuscripts Commission with Evans as its head. In 1894 Ellis succeeded, through Gladstone, in obtaining a civil pension for Evans. As a result, Evans was able to continue the work which later brought him recognition from the universities of Wales and Oxford and which is now accepted as indispensable to any study of early Welsh texts.

Some of the most substantial achievements of Ellis's generation were in the fields of culture and education. The need for a nation to remember and respect its past was a theme which Ellis continuously brought before the people of Wales. It was not only an obligation but a necessity in a nation struggling to achieve a greater degree of self-awareness and integration. In his Bala speech Ellis had appealed to Welshmen irrespective of their political allegiance to unite in

ei araith yn y Bala apeliodd at y Cymry, i ba blaid bynnag y perthynent, i uno i sefydlu Llyfrgell ac Amgueddfa Genedlaethol. Gweithiodd Herbert Lewis drostynt yn ddi-baid yn y Senedd a'r tu allan, a thalodd deyrnged i Tom Ellis fel yr un a ddechreuodd y mudiad i sefydlu Amgueddfa Genedlaethol a wireddwyd ym mlynyddoedd cynnar yr ugeinfed ganrif. Yr oedd yr un mor deyrngar i'r dasg o goffáu Cymry mawr y gorffennol, a bu ef, ynghyd â Llewelyn Williams ac Owen Edwards, yn gwasanaethu ar bwyllgor a sefydlwyd ym 1894 yn y gobaith o godi cofeb addas i dywysog brodorol olaf Cymru. Er iddo sefydlu pwyllgorau yn ei sir ei hun i gasglu cronfa a cheisio ennill cefnogaeth y Cymry alltud, annigonol fu'r ymateb a bu'n rhaid aros i genhedlaeth ddiweddarach gyflawni'r gwaith yn llwyddiannus.

Bu i addysg le arbennig ymysg yr achosion y llafuriodd drostynt, ac i ryw raddau cyflawnwyd ei ddyheadau yn y maes hwn yn ystod ei fywyd. Bu hanes addysg Cymru yn achos boddhad a balchder iddo ef a'i gydweithwyr. Nid yn unig y rhoesid cyfle i'r iaith Gymraeg ddatblygu lle cyfiawn iddi ei hun yn yr ysgolion elfennol ond cawsai mwy na 80 o ysgolion canol eu sefydlu cyn 1900. Gwasanaethai ar y ddau gorff cenedlaethol a weinyddai addysg ganol ac addysg uwch Cymru, sef y Bwrdd Canol Cymreig a Llys y Brifysgol. Teithiodd i lawer ran o Gymru i gymryd rhan mewn agor rhai o'r ysgolion canol a gâi eu creu ledled y wlad. Yr oedd yr ysgolion yn bwysig iddo am nifer o resymau. Drwyddynt cynyddwyd eiddgarwch y rhieni Cymreig dros ysgolion elfennol mwy effeithlon a hefyd rhoesant hwb ymlaen i undod y genedl trwy gydnabod bod Cymru'n uned addysgol â'i hanghenion arbennig ei hun. Hefyd croesawodd y gwaith cynllunio a fu'n angenrheidiol i'w sefydlu fel enghraifft dda o gydweithredu cyhoeddus ar dasg genedlaethol a ddylai gael ei hymestyn at agweddau eraill ar fywyd Cymru. Gwelodd yn y Bwrdd Canol Cymreig symbol o undod a chenedligrwydd y Cymry a modd i'w hyrwyddo, er nad aeth yn agos at fod yn gyngor ymreolaethol fel y gofynnwyd amdano yn nadleuon addysg 1888. Mae'r areithiau a draddododd yn y seremonïau agoriadol a fynychodd yn datgelu ei frwdfrydedd a'i obaith y datblygai'r ysgolion sir yn foddion effeithiol i feithrin cenhedlaeth a wreiddiwyd yn dda yn hanes a diwylliant Cymru, ac a fyddai hefyd yn ddinasyddion y byd.

establishing a National Library and Museum. Herbert Lewis, who pursued these objectives unremittingly both in Parliament and outside, paid tribute to Ellis as the man who started the movement to set up a National Museum, which was achieved in the early years of the twentieth century. He was equally devoted to the task of commemorating great Welshmen of the past and served, along with Llewelyn Williams and Owen Edwards, on a committee set up in 1894 which hoped to erect a suitable memorial to Wales's last native prince. Although Ellis set up committees in his own county to raise funds and attempted to arouse the support of exiled Welshmen, the response was inadequate and the project was only successfully accomplished by a later generation.

In education, which had a special place in Ellis's concerns, his aspirations were to some extent fulfilled in his own lifetime. For him and his fellow workers the story of Welsh education was a source of satisfaction and pride. Not only had the Welsh language been given the chance to develop its rightful place in the primary schools but more than eighty secondary schools had been established before 1900. He served on both the national bodies which administered Welsh secondary and higher education, the Central Welsh Board and the University Court. He travelled to many parts of Wales to take part in the opening of some of the secondary schools that were being created throughout the country. For Ellis the schools were important for several reasons. They had increased the zeal of Welsh parents for greater efficiency in the primary schools and had also given a greater sanction to national unity by recognizing Wales as an educational unit with its own particular needs. Furthermore, he welcomed the planning needed to bring them into being and saw this as a good example of public co-operation over a Welsh national issue which should be carried into other aspects of Welsh life. Although it fell far short of the autonomous council which he had asked for in the education debates of 1888, Ellis nevertheless saw in the Central Welsh Board both a symbol of Welsh unity and nationhood and a means of promoting them. The addresses he gave at the inaugural ceremonies which he attended reveal his enthusiasm and the hope that the 'county schools' would become effective instruments in creating a generation well grounded in the history and culture of Wales, as well as citizens of the world.

Amlygwyd ei ffydd yng ngwerth addysg nid yn unig yn ei areithiau a'i aelodaeth o gyrff addysgol cenedlaethol ond hefyd yn ei waith ymarferol yn ei sir ei hun. Yr oedd yn aelod o Fwrdd Ysgol Ffestiniog, ac o dan ei gyfarwyddyd ef daeth y Bwrdd yn esiampl i'r holl wlad oblegid ei bolisïau addysgol goleuedig. Un enghraifft o hyn oedd agwedd y Bwrdd at ddisgybl-athrawon a'r ddarpariaeth a wnaed ar eu cyfer. Annigonol ac anfoddhaol oedd yr hyfforddiant a gaent mewn llawer o ardaloedd. Ond yn Ffestiniog byddai'r Bwrdd yn caniatáu i ddisgyblion mwyaf addawol yr ysgolion elfennol fynychu'r ysgol ganol am ddwy flynedd ar draul y Bwrdd. Yr oedd Tom Ellis yn awyddus i ledaenu'r cynllun mor eang â phosibl, a chododd y mater mewn cyfarfod o'r Bwrdd Canol Cymreig yn Amwythig. Derbyniwyd y cynnig a chytunodd y Bwrdd i baratoi memorandwm yn amlinellu'r cynllun i'w anfon, er gwybodaeth, i reolwyr ysgolion elfennol yng Nghymru yn y gobaith y byddid yn ei fabwysiadu ar raddfa genedlaethol.

Pennod olaf hanes adeiladu cyfundrefn addysg i Gymru oedd sefydlu'r Brifysgol. Er bod creu'r Brifysgol wedi dibynnu ar obeithion ac ymdrechion sawl cenhedlaeth, mae'n sicr i bresenoldeb Tom Ellis yn y Llywodraeth hyrwyddo ei sefydlu cyflym a ddaeth i ben ym mis Ebrill 1894 pan sefydlwyd hi'n swyddogol gan yr Iarll Rosebery, Llywydd y Cyngor. Parhaodd Tom Ellis i chwarae rhan yn ei datblygiad. Fel aelod o'r corff llywodraethol uchaf, sef Llys y Brifysgol, bu'n bresennol yn y seremoni swyddogol yng Ngorffennaf 1896 pan wnaed Tywysog Cymru yn Ganghellor arni. Mae'n sicr iddo gael ei daro gan y ffaith mai dyma'r unig brifysgol yn y deyrnas â Changhellor brenhinol, er mor ddemocrataidd oedd ei chyfansoddiad. Fel Owen Edwards, dymunai ei gweld yn datblygu'n sefydliad gwir genedlaethol, yn brifysgol lle y rhoddid lle priodol i ddiwylliant Cymru, ac nid prifysgol daleithiol arall yn unig. Mewn cyfarfod o Gymdeithas Cymru Fydd Llundain canmolodd yn wresog gynllun yr oedd aelodau'r Gymdeithas yn gyfrifol amdano i sefydlu cymrodoriaeth o £100 yn y Brifysgol newydd i roi cyfle i raddedigion ymchwilio i lenyddiaeth Cymru. Dywedodd ei bod yn bwysig i'w gwneud mor hawdd i Gymro barhau â'i astudiaethau yn iaith a llenyddiaeth Cymru ag ydoedd i astudio ieithoedd eraill.

Ellis's belief in the value of education was revealed not only in speeches and membership of national educational bodies but in active work for the cause in his own county. He was a member of the Ffestiniog School Board and under his guidance it became an example to the whole country by its adoption of enlightened educational policies. One illustration of this was in its attitude towards, and the provisions made for, pupil teachers. In many areas the instruction they received was inadequate and unsatisfactory. In Ffestiniog the Board allowed the most promising elementary school pupils to proceed, at the Board's expense, to the secondary school for two years. Ellis, anxious to extend the scheme as widely as possible, raised the matter at a meeting of the Central Welsh Board in Shrewsbury. His motion was accepted, and the Board agreed to draw up a memorandum outlining the project which was to be circulated for the information of primary school managers in Wales, in the hope that it would be adopted on a national scale.

The final stage in the Welsh educational edifice was the University. Although its creation rested on the hopes and efforts of several generations Ellis's presence in the Government undoubtedly facilitated its swift establishment, which culminated in April 1894 when it was constituted by the Earl of Rosebery as President of the Council. Once it had been founded, Ellis continued to play an important part in its development. As a member of the supreme governing body, the Court of the University, he was present at the official ceremony when, in July 1896, the Prince of Wales was installed as its Chancellor. He would no doubt have been struck by the fact that, although so democratic in its constitution, it was the only university in the kingdom with a royal Chancellor. Like Owen Edwards, Tom Ellis wished to see it develop as not merely another provincial university but a truly national institution in which the culture of Wales would be given its rightful place. In a meeting of the London Young Wales Society, he warmly commended the scheme which the society's members were sponsoring to establish a fellowship of £100 in the new University to allow graduates to undertake research in Welsh literature. It was important, he said, 'to make it as easy for a Welshman to continue studies in the Welsh language and literature as it was to pursue studies in other languages'.

Yn wir, cychwynnodd Tom Ellis ei hun ar waith ysgolheigaidd hyd yn oed yng nghanol yr hyn a alwodd unwaith yn drobwll gwleidyddol. Yn nhrydydd cyfarfod blynyddol Urdd Graddedigion y Brifysgol ym 1897 etholwyd ef yn Warden yr Urdd i ddilyn Owen Edwards. Lansiwyd cynllun yn y cyfarfod hwn i gomisiynu a chyhoeddi cyfres o lyfrau Cymraeg i'w defnyddio mewn ysgolion a cholegau, sef Cyfres Clasuron Urdd y Graddedigion. Yr oedd yn gynllun uchelgeisiol a'i bwrpas oedd cynyddu cyfleusterau cyfyngedig y rhai a astudiai ryddiaith Gymraeg trwy gyhoeddi copïau o argraffiadau gwreiddiol clasuron Cymraeg gan lenorion megis Gruffydd Robert, Morris Kyffin a Morgan Llwyd. Gwahoddwyd Tom Ellis gan yr Urdd i olygu gweithiau Morgan Llwyd, y cyfrinydd o'r ail ganrif ar bymtheg, fel y cyfraniad cyntaf i'r gyfres. Cynlluniwyd ef fel gwaith dwy-gyfrol, ac ymddangosodd y gyntaf ym 1899 yn cynnwys peth o farddoniaeth a rhyddiaith Morgan Llwyd yn Saesneg ac yn Gymraeg. Bu farw Tom Ellis rai misoedd ar ôl i'r gyfrol hon ymddangos heb ddod i ben â'r cynllun, ond cwblhawyd yr ail gyfrol yn cynnwys cofiant Morgan Llwyd, y bwriadai ef ei ysgrifennu, gan ei frawd-yng-nghyfraith, J.H. Davies.

Credodd rhai fod ymchwil Tom Ellis i fywyd a gwaith bardd a chyfrinydd o'r ail ganrif ar bymtheg yn awgrymu bwriad i adael gwleidyddiaeth ac ymuno â'r bywyd academaidd. Er iddo fwynhau'r gwaith a olygid gan y darn hwn o ysgolheictod, yr oedd o hyd yn Brif Chwip yr Wrthblaid â chyfrifoldeb am blaid â'i golygon ar lywodraethu'r wlad ryw ddydd. Hefyd, fel Cymro gobeithiai weld Cymru'n cael iachâd o'r rhaniadau a'i poenai ac yn symud ymlaen fel cenedl. Er bod Rhyddfrydiaeth Gymreig wedi colli ei ffordd i bob golwg, ac er bod chwerwder yr ymryson rhwng Lloyd George a D.A. Thomas heb ddiflannu'n llwyr, gellid gweld rhai arwyddion gobeithiol. Enillwyd seddau gan rai o gefnogwyr brwd Tom Ellis yn etholiad 1895, ac ym 1897 cododd mudiad newydd i ailuno Rhyddfrydiaeth Gymreig ac adfer iddi dipyn o'i hen fywiogrwydd. Er mai mewn cyfarfod yn y Rhyl y cyhoeddwyd yn gyhoeddus fodolaeth y mudiad gyntaf, a hynny gan Lloyd George a Herbert Lewis, mae'n anodd methu â gweld dylanwad Tom Ellis y tu ôl iddo. Cynlluniwyd ef yn ofalus ac yn drefnus, a dangosai ddymuniad i sicrhau cytundeb ac undod. Ar y dechrau bu'r mudiad dan reolaeth Aelodau Seneddol Cymreig a hwy a roddodd gychwyn iddo. Etholwyd pwyllgor bach o aelodau yn

Indeed Ellis himself, even amid what he once called 'the whirlpool of politics', became engaged on a scholarly undertaking. At the third annual meeting of the Guild of Graduates of the University in 1897, Ellis was elected to succeed Owen Edwards as Warden of the Guild. A scheme was launched at this meeting to commission and publish a series of Welsh books for use in schools and colleges to be called the Guild Series of Classics. It was an ambitious project 'to extend the limited facilities now enjoyed by students of Welsh prose' and make available copies of the original editions of Welsh classics by writers like Griffith Roberts, Maurice Kyffin and Morgan Llwyd. The Guild invited Ellis to edit the works of the seventeenth-century mystic Morgan Llwyd as the first contribution to the series. It was planned as a two-volume work, the first appearing in 1899 containing some of Llwyd's verse and prose in English and Welsh. Owing to his death a few months after the appearance of this volume Ellis failed to complete the project, and the second volume, with the biography of Morgan Llwyd which he had intended, was completed by his brother-in-law J. H. Davies.

Some have seen Ellis's research into the life and work of a seventeenth-century poet and mystic as an indication that he was contemplating withdrawal from the political scene and entry into academic life. Although he enjoyed the tasks involved in this piece of scholarship, he was still Opposition Chief Whip with responsibility for a party that aimed at government. As a Welshman, too, he hoped that Wales could heal her divisions and move forward as a nation. Although Welsh Liberalism seemed to have lost its way and the bitterness of the Lloyd George and D. A. Thomas confrontation had not cleared, there were hopeful signs. Several strong supporters of Ellis had been returned in the 1895 election, and in 1897 a new movement arose to reunify Welsh Liberalism and restore to it some of its former impetus. Although first announced publicly at a meeting in Rhyl by Lloyd George and Herbert Lewis, it is difficult not to see the influence of Ellis behind it. It was carefully planned, with a circumspection which revealed a desire for consensus and unity. It remained, in its opening phase, under the control of Welsh Members of Parliament where the scheme had originated. A small committee of members was elected,

cynnwys Tom Ellis, Lloyd George a Herbert Lewis i hyrwyddo'i amcanion.

Cymru'n Un oedd yr enw a roddwyd i'r mudiad, ac yn annhebyg i fudiad cynharach 1894-95 i hyrwyddo undod, fe'i cefnogwyd gan fwyafrif yr Aelodau Seneddol, er i D.A. Thomas a dau o aelodau gogledd Cymru fod yn elyniaethus. Cefnogwyd ef gan Tom Ellis yn gyhoeddus, ac mewn araith yn ei etholaeth ei hun anogodd ei gynulleidfa i gefnogi cynllun a allai greu undod yng Nghymru a rhoi iddi fesur helaethach o reolaeth dros ei materion ei hun. Dyna paham y bu'n eu cynghori'n daer i anfon cynrychiolwyr i'r gynhadledd ar gyfer Cymru gyfan a oedd mewn llaw. Ond sicrhaodd hwy na chynhelid y fath gynhadledd oni bai bod mwyafrif o fewn yr etholaethau Cymreig yn dangos eu cefnogaeth trwy gytuno i anfon cynrychiolwyr. Gwnaeth yn glir iddynt y byddent, wrth gefnogi'r mudiad, yn chwarae rhan mewn paratoi'r ffordd gogyfer â'r amser hwnnw pan fyddai cynrychiolwyr pob rhan o Gymru yn pasio deddfau ac yn eu gweinyddu er lles Cymru a'i bywyd cenedlaethol.

Er i dros 500 o gynrychiolwyr fynychu'r gynhadledd yng Nghaerdydd ac i fudiad ag iddo Gyngor Cenedlaethol dyfu allan ohoni ymhen amser, siomwyd ei gefnogwyr gan ei gynnydd araf. Yn ei araith i'r cynrychiolwyr awgrymodd Tom Ellis fod anawsterau'n eu hwynebu ac, wrth addef bod undod ar gynnydd yn araf yng Nghymru, dywedodd na cheid cymorth gan gynllwynion dynionach ac amheuon dynion llai byth. Bu farw Thomas Gee yn yr hydref a chollodd Cymru'n Un ei lywydd newydd-ei-ethol. Bu'r flwyddyn 1898 yn un anodd i Tom Ellis ei hun. Ar ôl iddo briodi ym Mehefin, dioddefodd salwch mawr arall, a chyn diwedd y flwyddyn bu'n rhaid iddo ymdrin ag argyfwng arweinyddiaeth o fewn y Blaid Ryddfrydol pan ymddiswyddodd Syr William Harcourt yn sydyn. Fel Prif Chwip bu yng nghanol y trafodaethau ac ni fu ei ymdrechion i ddod o hyd i olynydd a fyddai'n dderbyniol i'r carfannau cecrus yn y Blaid yn gymorth iddo wella. Yn ystod yr amser helbulus hwn gwelwyd yn glir ei ofal parhaol dros fuddiannau Cymreig mewn llythyr o gefnogaeth i'r arweinydd newydd, Campbell Bannerman, lle yr anogodd ymosodiad ar y Llywodraeth am fethu â gweithredu ar argymhellion y Comisiwn Tir Cymreig i wella amodau byw tenantiaid Cymru. Yr oedd yr un mor frwd dros gefnogi ymdrechion Herbert Lewis yn y Tŷ ar ran hawliau

which included Ellis, George and Herbert Lewis, to promote its objectives.

In contrast to the earlier movement for unity of 1894-95, Cymru'n Un, as the movement was called, obtained the backing of most Welsh members, although D. A. Thomas, together with two north Wales members, remained hostile. Ellis supported the move publicly, and in a speech in his own constituency urged his audience to give their support to a scheme which could give Wales unity and a greater measure of control over her own affairs. It was for this reason that he strongly advised them to send representatives to the all-Wales conference which was being planned. He made it clear, however, that such a conference would not take place unless a majority within the Welsh constituencies showed their acceptance by agreeing to send representatives. Ellis left his listeners in no doubt that by backing the movement they would be playing their part in preparing the way for that time when delegates from the whole of Wales would pass and administer laws for the benefit of Wales and her national life.

Although over five hundred delegates attended the Cardiff convention and an organization with a National Council eventually grew out of it, the movement's slow progress disappointed its supporters. Ellis's speech to the delegates implied difficulties ahead for, while conceding that unity was slowly on the increase in Wales, he stated it would not be helped by 'the intrigues of petty men and the doubts of even smaller ones'. Cymru'n Un lost its recently elected president when Thomas Gee died in the autumn, and for Ellis himself the year 1898 was a difficult one. After his marriage in June he suffered another serious illness, and before the end of the year he had to deal with a leadership crisis in the Liberal party when Sir William Harcourt suddenly resigned. As Chief Whip, Ellis was at the centre of negotiations, and the efforts to find a successor acceptable to the warring factions did not help his recovery. His continuing concern for Welsh interests was made clear at this critical juncture when, in a letter of encouragement to the new leader, Campbell Bannerman, he urged him to denounce the Government's failure to act on the Welsh Land Commission recommendations to improve the conditions of the tenant occupiers of Wales. He was equally anxious to support Herbert Lewis's efforts in the House on behalf of the educational rights of Welsh

addysgol Anghydffurfwyr Cymreig, a weithiau byddai'n aros yno hyd oriau mân y bore. Erbyn hyn yr oedd yn ddyn claf. Gwyddai Syr John Brunner yn well na neb mor ddifrifol y cawsai ei iechyd ei danseilio, a gwahoddodd ef a'i wraig i fwrw'r Pasg gydag ef yn ne Ffrainc. Ymhen ychydig ddyddiau ar ôl cyrraedd yno trawyd ef yn wael a bu farw ar 5 Ebrill 1899, yn ddeugain oed. Cludwyd ei gorff yn ôl i Gymru, i wlad oedd yn fud ac wedi syfrdanu gan ei farwolaeth gynnar. Rhoddwyd ef i orffwys ym mynwent Capel Methodistaidd Cefnddwysarn, lle yr oedd wedi ymuno â'i dad yn ddiacon ychydig flynyddoedd cyn hynny. Ar y bryniau o gwmpas a fu'n feithrinfa i'w freuddwydion ifainc am Gymru Fydd, gorweddai eira hwyr Ebrill.

VII
Cyfraniad Tom Ellis

Yn ei ddydd ei hun ac yng nghof y rhai a'i hadnabu bu i Tom Ellis le arbennig a lle anrhydeddus. Edrychwyd arno fel y Moses gwleidyddol a dynghedwyd i arwain Cymru allan o'i chyfyngderau i mewn i dir addewid cydraddoldeb a rhyddid. Yng ngolwg Lloyd George yr oedd ei allu a'i gymeriad yn ei wneud yn deilwng o le yn oriel arwyr mawr Cymru gyda Llywelyn ap Gruffudd ac Owain Glyndŵr. Yr oedd hyd yn oed Arthur Price, y cenedlaetholwr brwd a gondemniodd Tom Ellis pan gymerodd swydd yn Llywodraeth Gladstone, yn dweud mai ef oedd y cymeriad gwleidyddol ardderchocaf a gynhyrchodd Cymru erioed. Chwalwyd y gobeithion hyn gan yr ymrafael a rwygodd y mudiad cenedlaethol a chan farwolaeth gynnar Tom Ellis, ond trosglwyddwyd ganddo etifeddiaeth na ddiflanna'n hawdd. Ym mlynyddoedd y dadrithiad a ddilynodd y Rhyfel Mawr, taflwyd o'r neilltu y fframwaith imperialaidd y gweithiai Tom Ellis o'i fewn ac a gymerwyd yn ganiataol gan wleidyddion y dydd (hyd yn oed y rhai Gwyddelig), a gwrthodwyd ei ddull graddol ef o weithio a'i ysbryd cymodlon. Fodd bynnag, ers y dyddiau hynny daethpwyd i ddeall yn well ei amcanion a'r amgylchiadau y gweithiai ynddynt, ac yng Nghymru heddiw mae ei waith a'i weledigaeth yn fwyfwy perthnasol.

Nonconformists, sometimes staying on until the early hours of the morning. Ellis was by this time a sick man and Sir John Brunner, who more than anybody else knew how seriously his health had been undermined, invited him and his wife to spend an Easter break with him in the south of France. Here, within a few days of his arrival, he was taken ill and died on 5 April 1899 at the age of forty. His body was brought back to a Wales silent and stunned by his early death. He was laid to rest in the cemetery of Cefnddwysarn Methodist Chapel, where a few years earlier he had joined his father as a deacon, with the late snows of April on the hills which had nourished his youthful dreams of Cymru Fydd.

VII
Ellis's Contribution

In his own day, and in the memory of those who knew him, Tom Ellis held a special and honoured place. He was seen as the 'political Moses' destined to lead Wales out of her tribulations into the promised land of equality and freedom. To Lloyd George his ability and character entitled him to a place in the Pantheon of Welsh heroes with Llywelyn ap Gruffydd and Owain Glyndŵr. Even to Arthur Price, the dedicated nationalist who had denounced Ellis's acceptance of office in Gladstone's Government, he was 'the finest political character that Wales had produced'. The strife that split the national movement and Ellis's early death thwarted these hopes, but his life left a legacy that will not disappear so easily. In the years of disenchantment which followed the Great War the imperial framework, within which Ellis worked and which was so much taken for granted by contemporary politicians (even Irish ones), became unacceptable and Ellis's gradualism and reconciling spirit rejected. Since those days, however, his aims and the conditions under which he worked have become better appreciated and his work and vision taken on a greater relevance in contemporary Wales.

Ef oedd ymgorfforiad yr adfywiad cenedlaethol a gyffrodd Gymru yn ystod chwarter olaf y bedwaredd ganrif ar bymtheg. Yr oedd hwn yn fudiad y gallodd cenedl glywed unwaith eto ei chalon yn curo ynddo, a thrwyddo ymdrechu i sefydlu ei hunaniaeth mewn byd o newid cyflym. Rhoddodd y mudiad lawer o'i sylw i unioni camwri addysgol, i bwnc y tir ac i ddatgysylltiad, achosion y darganfu cymaint o Gymry fynegiant digonol ynddynt i'w cenedlaetholdeb. Cynrychiolai Tom Ellis y werin Gymreig ac ymaflodd yn achos Cymru yn ei brwydr dros gydraddoldeb a chyfiawnder gan roi iddi elfen boliticaidd na welsid o'r blaen. Ymdrechodd i'r eithaf gan wneud gwaith mwy nag un dyn, ac aeth â'r frwydr i'r eithaf pellaf yn y Senedd a'r Cabinet. Anwylwyd ef gan y werin a chefnogwyd ef ganddynt yn y frwydr dros gyfundrefn addysg deilwng, system tir tecach a datgysylltiad yr Eglwys. Ond ni dderbyniwyd y cynulliad mewn modd mor frwdfrydig er iddo ef ei weld yn faen congl radicaliaeth Gymreig, yn symbol o undod y Cymry ac yn fodd i amddiffyn diwylliant Cymru, ennill cyfiawnder cymdeithasol a hybu cynnydd. Ond ni roes y gorau i'r frwydr dros y cynulliad, ac er i hyn fynd yn nod tymor-hir ganddo parhaodd â'i waith dros Gymru, gan annog ei gydwladwyr i uno mewn pob achos lle yr oedd cydweithrediad yn bosibl.

Ni charodd undyn erioed ei wlad yn ddwysach ac ni roes neb mohono'i hunan yn fwy hael er ei mwyn. Coleddai draddodiadau gorau ei wlad, annibyniaeth lew a hunan-barch yr Anghydffurfiaeth a ymgorfforwyd mewn modd mor nodedig yn ei gymeriad ei hun, ei hiaith, ei llenyddiaeth a'i diwylliant. Ymroddodd i'r eithaf mewn ymdrechion i godi statws yr iaith a bu'n annog ymchwil i lên Cymru ac yn gwneud ei gyfraniad ei hun. Fel mwyafrif ei genhedlaeth ef, ychydig o addysg ffurfiol yn yr iaith Gymraeg a'i llenyddiaeth a gafodd, ond gobeithiai y deuai newid yn hyn gyda'r ysgolion canol newydd a'r Brifysgol yn creu cenhedlaeth newydd fwy gwybodus na'i eiddo ef yn y meysydd hyn. Felly, bu i addysg bwysigrwydd arbennig iddo ac ymdrechodd yn ddi-baid ac yn helaeth ar ei rhan. Nid oes amheuaeth na fu ei ymroddiad ef a'i ysbryd cymodlon yn gymorth yn yr ymdrech i ddod o hyd i'r cyfaddawd angenrheidiol er sicrhau derbyn y Ddeddf Addysg Ganol Gymreig, a pharhaodd i chwarae rhan bwysig fel aelod

Tom Ellis was the finest embodiment of the national awakening which stirred Wales during the last quarter of the nineteenth century. It was a movement when a nation began to recover its heartbeat and struggle to establish its identity in a rapidly changing world. Much of it was taken up with the redress of grievances in education, with the land question, and with disestablishment, in which so many found an adequate expression for their nationalism. Ellis, as the representative of the Welsh peasantry, took up the cause of Wales in its fight for equality and justice and gave it a political element not seen before. He strove to the uttermost, indeed taking on the work of several, and took the struggle to the highest reaches in Parliament and the Cabinet. The Welsh peasantry took him to their hearts and supported him in the fight for an adequate educational system, a fairer land system, and disestablishment of the Church. The assembly, however, which Tom Ellis saw as the corner-stone of Welsh radicalism, the symbol of national unity and instrument to safeguard Welsh culture and achieve social justice and progress, was not so enthusiastically received. Nevertheless Ellis did not relinquish this objective and, although the Welsh parliament in which he believed became a longer-term aim, he continued his work for Wales, urging his countrymen to unite on all matters where co-operation was possible.

No man ever loved his country more deeply and expended himself so selflessly on her behalf. Tom Ellis cherished his country's best traditions, the sturdy independence and self-respect of the Nonconformity which he so notably embodied in his own character, her language, literature and culture. Ellis involved himself fully in efforts to raise the status of the language and encouraged, and indeed participated in, research into Welsh literature. Like most of his generation he had received little formal tuition in Welsh language or literature, but he hoped that the new secondary schools and university would remedy this and create a new generation more knowledgeable than his own in such matters. Education therefore held a very special place for him, and his efforts in this sphere were unremitting and considerable. There can be little doubt that it was his concern and reconciling spirit that helped to achieve the compromise necessary for acceptance of the Welsh Intermediate Education Act, and he continued to play an important part both as a member of the

o Bwyllgor Addysg Meirionnydd a'r Bwrdd Canol Cymreig. Gweithiai gymaint os nad yn fwy y tu ôl i'r llenni yn hyrwyddo'r ffordd i siarter Prifysgol Cymru, ac fel Warden Urdd y Graddedigion ac aelod gweithgar o Lys y Brifysgol bu ganddo ddylanwad yn y gwaith o arwain y sefydliad newydd yn ei flynyddoedd cynnar. Yr oedd ganddo ddiddordebau eang a rychwantai fwy na llenyddiaeth ac ymchwil lenyddol ac ieithyddol. Dymunai weld yr adfywiad cenedlaethol yn cerdded yn ei flaen mewn cymaint o feysydd â phosibl. Yr oedd yn ymwybodol o'r angen am ddatblygu ymwybod dyfnach o bwysigrwydd y celfyddydau cain, pensaernïaeth, a phynciau technegol. Er iddo ymhyfrydu yn nhraddodiadau ysbrydol a democrataidd Anghydffurfiaeth Gymreig, gobeithiai weld yn tyfu o'i mewn fwy o werthfawrogiad o'r gwerthoedd esthetig hynny a esgeuluswyd neu a wrthodwyd am resymau hanesyddol ac economaidd.

Ym meysydd mwy annelwig ymwybod cenedlaethol a hunan-barch, gosodwyd i lawr sylfeini gan waith arloesol Tom Ellis y gallodd cenedlaethau dilynol adeiladu arnynt. Ar adeg pan na fuwyd mor barod i dderbyn mai cenedl oedd y Cymry ag y buwyd yn ddiweddarach, a phan na fu ganddi ond ychydig o'r sefydliadau hynny sy'n rhoi urddas a chryfder i fywyd cenedlaethol, yr oedd ei ddyfalbarhad parhaus, yn mynnu cyfiawnder ar ei rhan yn y Senedd a thu allan iddi, yn tanlinellu'n gliriach ei statws cenedlaethol. Yr oedd y ddeddfwriaeth a'r rheolau gweinyddol y bu ganddo ran fawr yn eu llunio, megis y Mesur Datgysylltiad, mesurau'n ymwneud â ffatrïoedd a mwyngloddiau, a'r Comisiwn Tir, i gyd wedi bod yn gymorth i danlinellu undod gwleidyddol a gweinyddol Cymru ac i gryfhau cenedligrwydd y Cymry. Bu ei ddyheadau a'i waith mewn addysg yn bwysig yn hybu symudiadau pellach tuag at ymreolaeth a ddigwyddodd yn ystod y degadau'n dilyn ei farwolaeth.

Er bod ei waith yn y meysydd hyn i gyd yn allweddol, a'r hyn a gyflawnodd yn sylweddol, mae ei bwysigrwydd yn gorwedd yn yr hyn ydoedd yn hytrach nag yn yr hyn a gyflawnodd. Tystiodd pawb, ei gyfeillion a'r rhai nad oeddent yn gyfeillion, nad oedd dichell yn perthyn i'w gymeriad ac iddo ddod â dyheadau agored a diffuant i fyd gwleidyddol lle bydd yr hyn sy'n gyfleus ar y foment yn teyrnasu'n aml. Goroesodd yr enw a gafodd am ddidwylledd hyd yn oed gymhlethdodau ac anawsterau swydd y Prif Chwip. Ac ynghlwm wrth

Meirionnydd Education Committee and the Central Welsh Board. He was equally, if not more, involved behind the scenes in facilitating the granting of the charter of the University of Wales, and both as Warden of the Guild of Graduates and as an active member of the University Court, he played an influential role in guiding the new institution in its early years. Tom Ellis was a man of wide interests and his sensibility encompassed a larger area than simply literature or historical and linguistic research. He wished to see the national resurgence progress on as wide a front as possible and was alive to the need to develop a greater awareness of the importance of the fine arts, architecture and technical subjects. Although rejoicing in the spiritual and democratic traditions of Welsh Nonconformity, he hoped to see growing within it a greater appreciation of those aesthetic values which for historical and economic reasons had been neglected or dismissed.

In the more intangible realms of national awareness and self-respect, Ellis's pioneering work laid down foundations on which future generations were able to build. At a time when the existence of Wales as a nation was not as readily accepted as it later became, and when she had few of those institutions which help to distinguish and strengthen national life, his continuous insistence on Wales's claims in Parliament and outside delineated more clearly her national status. The legislation and administrative regulations in which he played a large part, such as the Disestablishment Bill, factories and mines provision and the Land Commission, all helped to underline Welsh political and administrative unity and strengthen her nationhood. His aspirations and work in education were important in fostering the further developments in autonomy which occurred in the decades following his death.

Although his work in all these ways was significant and his achievements considerable, Tom Ellis's importance lies in what he was rather than what he accomplished. Friend and foe alike testified to the lack of guile in his character and he brought to politics, where expediency often prevails, a luminous candour of purpose. His reputation for openness survived even the complexities and demands of the office of Chief Whip. Linked to this candour there was energy,

y diffuantrwydd hwn ceid ynni, barn gymedrol a chadernid a'i galluogodd i ddilyn ei ddelfrydau hyd y diwedd. Er iddo fod wrth natur yn gymodwr, yr oedd yn frwd ac yn ddyfal wrth ymgyrchu dros yr achosion hynny a oedd yn annwyl ganddo. Gallai ddal yn gadarn a siarad yn ddi-ofn pan ofynnid am hynny, ac ymladd dros ei ddaliadau â dewrder a phob amser â pharch a heb falais personol. Credai'n ddiysgog mewn democratiaeth a gallai barchu barn ddidwyll pobl eraill. Y gred hon a'i gwnaeth yn frwd dros ddiwygio llywodraeth leol, yn bleidiwr dros gynulliad Cymreig, ac yn gefnogol i'r bleidlais i wragedd flynyddoedd cyn i'r mudiad swffraget ddod yn rym yn y wlad. Yr oedd yn areithiwr da; ni ddefnyddiai rethreg a llwyddai i ddal sylw Tŷ'r Cyffredin neu gynulleidfa gyhoeddus trwy rym a didwylledd ei argyhoeddiadau a rhesymeg ei ddadleuon. Ymdrechodd i greu etholwyr goleuedig a fyddai'n cael eu rheoli gan eu rheswm eu hunain, heb ddilyn yn ddall wrth gwt rhyw arweinydd carismatig.

Yr oedd ganddo ddaliadau crefyddol dyfnion a thosturi dros y difreintiedig a'i gosodai ymysg y Rhyddfrydwyr cynnar asgell chwith hynny a oedd yn eiddgar i greu cymdeithas fwy cyfiawn a goleuedig. Cefnogai amodau gwell i weithwyr amaethyddol yn gyson a gweithiodd, gyda'i gyfaill David Daniel, ar ran chwarelwyr gogledd Cymru yn eu brwydr dros gyfiawnder. Un o'r troeon olaf iddo ymddangos yn gyhoeddus cyn ei farwolaeth oedd mewn cyfarfod yn Llundain o gynfyfyrwyr Aberystwyth, ac yno bu'n annog sefydlu 'noddfa' Aberystwyth yn *East End* Llundain i ofalu dros a chynghori'r anghenus yno. Er mai gwleidydd ydoedd o'i ben i'w sawdl, nid anghofiodd byth nad y cyfan mewn bywyd, na'r rhan bwysicaf ychwaith, oedd gwleidyddiaeth. Yn syndod mewn dyn â chymhelliad mor gryf, yr oedd yn amddifad o hunanbwysigrwydd ac o uchelgais. Dywedodd un o'i gydweithwyr na faliai bwy a wnâi'r gwaith gyhyd ag y'i gwnaed. Ni chynhyrchodd Cymru erioed ddyn a garodd ei wlad mewn modd mwy dihunan ac a weithiodd dros ei ddelfrydau mewn modd mwy anrhydeddus ac â llai o chwerwder.

Pan fu farw, clwyfwyd y genedl i'r byw o golli'r fath arweinydd. Erbyn hyn, a llawer o'r achosion y bu'n ymwneud â hwy yn faterion i'r llyfrau hanes yn unig, mae'n bosibl yr ymddengys y teyrngedau a dalwyd iddo ar adeg ei farwolaeth yn ormodol. Ond anos diystyru tystiolaeth Herbert Lewis, a'i hadnabu'n well na'r mwyafrif, ac a ddywedodd, o'r holl wleidyddion y daethai i'w hadnabod 'Tom Ellis a

judgement, and a steadfastness which enabled him to pursue his ideals to the end. Although a reconciler by nature, he was enthusiastic and persistent in promoting those objectives he cherished. He could stand firm and speak out fearlessly when occasion demanded and fight for what he believed in with courage, but always honourably and without personal rancour. He believed deeply in democracy and could respect the sincerely held opinions of others. It was this belief which made him enthusiastic for local government reform, an advocate of a Welsh assembly and a supporter of votes for women years before the suffragette movement became a force. He was a good public speaker and, although not given to flights of oratory, could hold the House of Commons or a public audience by the strength and sincerity of his conviction and reasoned argument. He strove to create an enlightened electorate, persuaded by reason rather than following blindly in the wake of a charismatic leader.

Tom Ellis was a man of deep religious conviction and compassion whose concern for the underprivileged placed him among those early left-wing Liberals eager to bring about a more just and enlightened society. He constantly advocated better conditions for agricultural labourers and worked with his friend David Daniel in support of the quarrymen of north Wales in their fight for justice. One of his last public appearances before his death was at a gathering of old Aberystwyth students in London at which he urged the foundation of an Aberystwyth settlement in the East End of London for the relief and guidance of the destitute there. Although intensely political, he never forgot that politics is neither the whole nor the most important part of life. Surprisingly for a man who had such drive, there was in him a quality of self-effacement and lack of personal ambition summed up in the words of one of his collaborators who said that Tom Ellis did not mind who did the work as long as it was done. Wales never produced a man who loved his country more selflessly and who pursued his ideals more honourably or with less bitterness.

The sense of national loss was profound at the passing of such a leader. Now, when many of the issues with which he was concerned have settled into the dust of history, the tributes paid at the time of his death may appear excessive. It is more difficult to disregard the testimony of one who knew him better than most, Herbert Lewis, who

ddaeth agosaf at yr uchaf o'm holl ddelfrydau'. Ac mae'n anodd peidio â chytuno â barn Lloyd George, cyfoeswr enwocach hyd yn oed, pan ddywedodd po fwyaf y gallai Cymru wynebu her ei chenedligrwydd, mwyaf i gyd y tyfai Tom Ellis ym marn y bobl a mwyaf derbyniol yr etifeddiaeth a adawsai.

said that of all the politicians he had known 'Tom Ellis came nearest to the highest of all my ideals', and not to concur with the judgement of an even more famous contemporary, Lloyd George, that the more Wales could rise to the challenge of her nationhood the greater would Ellis's stature become, and the more acceptable his legacy.

LLYFRYDDIAETH DDETHOL: SELECT BIBLIOGRAPHY

Barker, M.	*Gladstone and Radicalism* (Hassocks, 1975)
Ellis, T.E.	*Speeches and Addresses* (Wrexham, 1912)
Ellis, T.I.	*Thomas Edward Ellis* (2 gyf., Lerpwl, 1944-8)
	John Humphreys Davies, 1871-1926 (Lerpwl, 1963)
	Ellis Jones Griffith (Llandybïe, 1969)
George, W.	*Cymru Fydd* (Lerpwl, 1945)
Griffith, T. Gwynfor	*Garibaldi, 'Cymru Fydd' a Dante* (Darlith Goffa Henry Lewis, Coleg Prifysgol Abertawe, 1985)
Gruffydd, W.J.	*Owen Morgan Edwards: Cofiant* (Aberystwyth, 1936)
Hamer, D.A.	*Liberal Politics in the Age of Gladstone and Rosebery* (Oxford, 1972)
Jones, F. Price	'Tom Ellis, 1859-99' (yn *Radicaliaeth a'r Werin Gymreig yn y Bedwaredd Ganrif ar Bymtheg,* Caerdydd, 1977)
Jones, Gwenan	'Thomas Edward Ellis' (yn *Triwyr Penllyn,* gol., G. Pierce, Caerdydd, 1956)
Jones, K. Idwal	(gol.), *Syr Herbert Lewis, 1858-1933* (Aberystwyth, 1958)
Jones-Roberts, K.W.	'D.R. Daniel' (*Journal of Merioneth Historical and Record Society,* 1965)
Masterman. N.	*The Forerunner* (Llandybïe, 1972)
Morgan, K.O.	*Freedom or Sacrilege?* (Cardiff, 1966)
	Rebirth of a Nation: Wales 1880-1980 (Oxford and Cardiff, 1981)
	Wales in British Politics, 1868-1922 (Cardiff, 3rd edition, 1980)
	(ed.), *Lloyd George: Family Letters, 1885-1936* (Oxford and Cardiff, 1973)

Price, J. Arthur	'T.E. Ellis' (in *Welsh Political and Educational Leaders*, ed. J. Vyrnwy Morgan, London, 1908)
Williams, D.	*Thomas Francis Roberts, 1860-1919* (Cardiff, 1961)
Williams, J.E. Caerwyn	'Cyfraniad Cymdeithas Dafydd ap Gwilym' (yn *Astudiaethau Amrywiol*, gol. T. Jones, Caerdydd, 1968)